HET MYSTERIE VAN DE TIJD

Carlo Rovelli

HET MYSTERIE VAN DE TIJD

2018 Prometheus Amsterdam

Aan Ernesto, Bilo en Edoardo

De vertalers ontvingen voor deze vertaling een projectsubsidie van het Nederlands Letterenfonds.

N ederlands
letterenfonds
dutch foundation
for literature

Oorspronkelijke titel *L'Ordine del tempo*
© 2017 Carlo Rovelli
© 2018 Nederlandse vertaling Uitgeverij Prometheus en Yond Boeke en Patty Krone
Omslagontwerp Tessa van der Waals
Foto omslag Maarten Baas, *Real Time, Schiphol clock*
Foto auteur Basso Cannarsa
Lithografie afbeeldingen Marc Gijzen
Zetwerk en opmaak Willem Morelis
www.uitgeverijprometheus.nl
ISBN 978 90 446 3500 3

Inhoud

Inleiding – Misschien is het grootste mysterie wel de tijd • 7

DEEL I – HET AFBROKKELEN VAN DE TIJD • 11
1. Het verlies van uniciteit • 13
2. Het verlies van richting • 19
3. Het einde van het heden • 32
4. Het verlies van onafhankelijkheid • 46
5. Tijdskwanta • 61

DEEL II – DE TIJDLOZE WERELD • 69
6. De wereld bestaat uit gebeurtenissen, niet uit dingen • 71
7. De ontoereikendheid van de grammatica • 78
8. Dynamica als relaties • 86

DEEL III – DE BRONNEN VAN DE TIJD • 95
9. Tijd is het gevolg van onwetendheid • 97
10. Perspectief • 105
11. Waar specificiteit toe leidt • 115
12. De geur van de madeleine • 123
13. De bronnen van de tijd • 138

De broer van de slaap • 145

Noten • 151
Beeldmateriaal • 167
Register • 169

INLEIDING

Misschien is het grootste mysterie wel de tijd

Terwijl wij spreken, ontsnapt de jaloerse tijd:
pluk de dag en vertrouw nimmer op die van morgen.
Horatius, *Oden*, I, 11

Ik sta stil en doe niets. Er gebeurt niets. Ik denk nergens aan. Ik luister naar het verstrijken van de tijd.

Zo is de tijd. Vertrouwd en intiem. Zijn onstuimigheid sleurt ons mee. Het voortjagen van seconden, van uren, van jaren katapulteert ons het leven in en voert ons vervolgens mee naar het niets... We bevinden ons in de tijd zoals vissen zich in het water bevinden. Ons zijn is een zijn in de tijd. We worden gekoesterd door zijn gezang, hij opent de wereld voor ons, verwart ons, jaagt ons schrik aan, wiegt ons. Het wordingsproces van het universum wordt voortgestuwd door de tijd, volgens de tijdsvolgorde.

In de hindoeïstische *mythologie* wordt de kosmische rivier verbeeld door de dansende god Shiva: zijn dans ondersteunt het stromen van het universum, is het verstrijken van de tijd. Wat is er universeler en evidenter dan dit stromen?

En toch liggen de zaken ingewikkelder. De werkelijkheid is vaak anders dan die zich aan ons voordoet: de aarde lijkt plat, maar is een bol; de zon lijkt zich langs de hemel te wentelen, maar in werkelijkheid zijn wij het die ronddraaien. Dat ook de structuur van de tijd niet is wat die lijkt – een uniform, universeel stromen – ontdekte ik tot mijn verbazing in natuurkundeboeken, op de universiteit. De tijd functioneert anders dan dat hij zich aan ons voordoet.

Bij het lezen van die boeken kwam ik er ook achter dat we nog niet weten hoe de tijd feitelijk functioneert. De aard van de tijd blijft wellicht het grootste mysterie. Wonderlijke lijnen verbinden de tijd met andere grote, nog onopgeloste mysteries: de aard van de geest, de oorsprong van het universum, het lot van de zwarte gaten, het functioneren van het leven. Steeds is er weer iets essentieels wat terugvoert naar de aard van de tijd.

Verwondering is de bron van ons verlangen om te weten,[1] en de ontdekking dat de tijd niet is zoals we dachten dat hij is, leidt tot duizend-en-een vragen. De aard van de tijd vormt al mijn leven lang de kern van mijn onderzoekswerk als theoretisch natuurkundige. In dit boek zal ik vertellen wat we inmiddels van de tijd hebben begrepen, welke wegen we bewandelen om die nog beter te begrijpen, wat we nog niet begrepen hebben, en wat er volgens mij in het verschiet ligt.

Waarom herinneren we ons het verleden en niet de toekomst? Bestaan wij in de tijd, of bestaat de tijd in ons? Wat betekent het eigenlijk écht dat de tijd 'verstrijkt'? Wat is het verband tussen de tijd en ons, de mens?

Waar luister ik naar als ik luister naar het verstrijken van de tijd?

Dit boek is opgedeeld in drie ongelijke delen. In deel I vat ik samen wat de moderne natuurkunde heeft begrepen van de tijd. Die kennis is als een sneeuwvlok op je hand: terwijl je die bestudeert smelt ze onder je ogen, en verdwijnt. In de regel denken we dat de tijd iets eenvoudigs is, iets fundamenteels wat uniform en zonder zich ergens iets van aan te trekken van het verleden naar de toekomst stroomt, gemeten door klokken. In de loop van de tijd volgen de gebeurtenissen van het universum elkaar volgens een vast patroon op: verleden, heden, toekomst. Het verleden staat vast, de toekomst ligt open... Welnu: dat is allemaal niet waar gebleken.

De kenmerkende aspecten van de tijd zijn stuk voor stuk benaderingen gebleken, dwalingen die te wijten zijn aan ons perspectief – net als het plat zijn van de aarde of het draaien van de zon. De toename van onze kennis heeft ertoe geleid dat het begrip tijd langzaam is afgebrokkeld. Dat wat wij 'tijd' noemen is een complexe verzameling structuren,[2] lagen. Naarmate we de tijd diepgaander bestuderen, verloor hij die lagen één voor één. Deel I van dit boek is gewijd aan dit afbrokkelen van de tijd.

In deel II beschrijf ik wat er dan rest. Een leeg, winderig landschap waar bijna geen spoor van temporaliteit meer te bekennen valt. Een zonderlinge, afwijkende wereld – maar wel ónze wereld. Het is net of je in het hooggebergte terecht bent gekomen, met alleen sneeuw, rotsen en de lucht. Of net als het voor Armstrong en Aldrin moet zijn geweest toen ze zich op het roerloze zand van de maan waagden. Een elementaire wereld, van een dorre, zuivere, verontrustende schoonheid. Op dat extreme, schitterende landschap, de tijdloze wereld, probeert het gebied van de natuurkunde waarmee ik me bezighoud, de kwantumzwaartekracht, vat te krijgen, teneinde er een coherent beeld van te kunnen schetsen.

Deel III is het moeilijkste, maar ook het meest actuele, en staat het dichtst bij ons. In een wereld zonder tijd moet er toch íets zijn wat aan de bron staat van de tijd die wij kennen, met zijn volgorde – het verleden dat anders is dan de toekomst – zijn kalme verloop. Onze tijd moet op een of andere manier rondom ons ontstaan, op onze schaal, voor ons.[3]

Dat deel is de reis terug naar de tijd die in het eerste deel van dit boek verloren is gegaan, toen we op jacht gingen naar een elementaire grammatica aan de hand waarvan we de wereld kunnen begrijpen. Net als in een detective gaan we nu op zoek naar de schuldige die de tijd heeft voortgebracht. En zo vinden we één voor één de delen terug waaruit de ons vertrouwde tijd bestaat, niet als basisstructuren van de werkelijkheid, maar als benaderingen waar de lompe, onhandige schepsels die wij stervelingen zijn wat aan hebben, facetten van ons perspectief, en wellicht ook beslissende facetten van hetgeen we zijn. Want het mysterie van de tijd gaat ten slotte – wellicht – meer over ons dan over de kosmos. En misschien was, net als in de eerste en uitmuntendste detective van allemaal, *Koning Oedipus* van Sophocles, de schuldige wel de detective zelf.

Dan wordt dit boek een gloeiende brij van soms lumineuze, soms warrige ideeën. Als jullie me volgen, neem ik jullie mee naar de plek tot waar onze huidige kennis over de tijd mijns inziens reikt, die grote nachtelijke, sterbezaaide zee van alles wat we nog niet weten.

DEEL I
HET AFBROKKELEN VAN DE TIJD

1
Het verlies van uniciteit

Nu reeds leidt de Cytherische Venus het koor onder
het schijnsel van de maan,
en trippelen Gratiën en Nimfen hand in hand over de
aarde...
Horatius, *Oden*, I, 4

HET VERTRAGEN VAN DE TIJD

Ik begin met een simpel feit: de tijd verstrijkt sneller in de bergen dan aan de kust.

Het verschil is klein, maar je kunt het controleren met nauwkeurige klokken die vandaag de dag voor zo'n duizend euro op internet te koop zijn. Met wat oefening kan iedereen constateren dat de tijd al bij een paar centimeter niveauverschil vertraagt: een klok die op de grond staat, loopt een haartje langzamer dan een klok die op tafel staat.

Niet alleen klokken lopen langzamer. Voor alle processen geldt: hoe lager, hoe langzamer ze zich voltrekken. De wegen van twee vrienden scheiden zich, de ene gaat aan de kust wonen, de andere in de bergen. Na jaren ontmoeten ze elkaar weer: die aan de kust heeft minder lang geleefd, is minder oud geworden, de slinger van zijn koekoeksklok heeft minder keren geslingerd, hij heeft minder tijd gehad om dingen te doen, zijn planten zijn minder gegroeid, zijn gedachten hebben minder tijd gehad om zich te ontwikkelen... Beneden is er minder tijd dan boven.

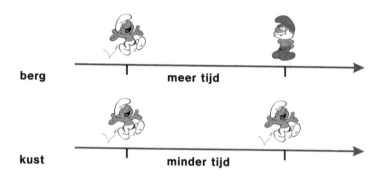

Verrassend? Misschien wel. Maar zo zit de wereld in elkaar. De tijd verstrijkt op sommige plekken langzamer dan op andere.

Werkelijk verrassend is het feit dat die vertraging van de tijd al een eeuw voordat we de klokken hadden om die te meten door iemand is voorspeld, te weten door Einstein.

Het vermogen om iets te begrijpen voordat je het ziet, vormt de kern van het wetenschappelijk denken. In de Oudheid, voordat er schepen rond de wereld voeren, begreep Anaximander al dat de hemel zich ook ónder onze voeten bevindt. In het begin van de moderne tijd, voordat astronauten de aarde vanaf de maan daadwerkelijk zagen draaien, begreep Copernicus al dat die draait. En voordat klokken nauwkeurig genoeg waren om verschillen in het tijdsverloop te meten begreep Einstein dus al dat de tijd niet uniform is.

Door bevindingen als deze leren we gaandeweg dat zaken die ooit evident leken in feite foute aannames waren. De hemel – zo leek het – bevindt zich natuurlijk boven en niet onder ons, anders zou de aarde naar beneden vallen. De aarde – zo leek het – beweegt natuurlijk niet, anders zou alles er door elkaar worden geschud. De tijd – zo leek het – verstrijkt overal met dezelfde snelheid, dat spreekt voor zich... Kinderen groeien op en leren dat de wereld niet helemaal is zoals ze dachten; de verzamelde mensheid doet hetzelfde.

Einstein heeft zichzelf een vraag gesteld die velen zichzelf wellicht ook hebben gesteld toen ze de zwaartekracht bestudeerden: hoe kunnen de zon en de aarde elkaar door middel van de zwaartekracht 'aantrekken' als ze elkaar niet raken en ze niet gebruikmaken van iets wat zich tussen hen in bevindt? Einstein heeft gezocht naar een plausibele verklaring. Hij stelde zich voor dat de zon en de aarde elkaar niet rechtstreeks aantrekken, maar dat elk van de twee gradueel invloed uitoefent op hetgeen er zich tussen hen in bevindt. En aangezien er zich tussen de zon en de aarde alleen maar ruimte en tijd bevinden, heeft hij bedacht dat de zon en de aarde de ruimte en tijd rondom zich *veranderen*, zoals een lichaam dat in het water wordt ondergedompeld het water rondom zich verplaatst. Die verandering van de structuur van de tijd zou dan op haar beurt invloed uitoefenen op de beweging van alle lichamen en ze in elkaars richting laten 'vallen'.[1]

Wat betekent 'verandering van de structuur van de tijd'? Het betekent de vertraging van de hierboven beschreven tijd: elk lichaam vertraagt de tijd in zijn nabijheid. De aarde is een grote massa en vertraagt de tijd in haar buurt. Meer aan de kust dan in de bergen, omdat de bergen zich wat verder van het aardoppervlak bevinden. Daarom veroudert de vriend aan de kust minder snel.

Als dingen vallen, komt dat door deze vertraging van de tijd. Daar waar de tijd uniform verstrijkt, in de interplanetaire ruimte, vallen dingen niet: ze zweven zonder te vallen. Maar hier, op het oppervlak van onze planeet, richt de beweging van de dingen zich automatisch dáárheen waar de tijd langzamer verstrijkt. Dingen vallen naar beneden omdat de tijd daar wordt vertraagd door de aarde.[2]

Ook al valt de vertraging van de tijd dus niet eenvoudig waar te nemen, toch heeft die zichtbare gevolgen: ze maakt dat dingen vallen en houdt ons met onze voeten op de aarde. Je voeten blijven aan de vloer plakken omdat je hele lichaam van nature daarheen trekt waar de tijd langzaam verstrijkt, en de tijd verstrijkt langzamer voor je voeten dan voor je hoofd.

Raar? Het is net als de eerste keer dat je, kijkend naar de ondergaande zon, opeens beseft dat het niet de zon is die beweegt, maar de aarde die draait, en dat je met de ogen van de *Fool on the Hill*[3] ziet hoe de hele planeet, met jezelf erbij, achteruit draait, weg van de zon. Het zijn die ogen die, net als de ogen van zo veel 'gekken', verder kijken dan onze alledaagse slaperige ogen.

TIENDUIZEND DANSENDE SHIVA'S

Ik ben dol op Anaximander, de Griekse filosoof die zesentwintig eeuwen geleden al begreep dat de aarde in de ruimte zweeft en nergens op rust.[4] We kennen Anaximanders ideeën via anderen die erover hebben gesproken, maar van zijn geschriften rest slechts één fragment:

> Uit datgene waaruit bestaande dingen hun genese hebben, daarin vinden ze ook hun ondergang, zoals het hoort; ze geven elkaar immers genoegdoening en boete voor het onrecht, in overeenstemming met de tijdsvolgorde.

'In overeenstemming met de tijdsvolgorde' (κατὰ τὴν τοῦ χρόνου τάξιν). Van een van de ontstaansmomenten van de natuurwetenschap resten ons slechts deze geheimzinnig klinkende, obscure woorden, dit pleidooi voor de 'tijdsvolgorde'.

Astronomie en natuurkunde zijn groot geworden door de aanwijzing van Anaximander op te volgen: begrijpen hoe verschijnselen plaatsvinden *in overeenstemming met de tijdsvolgorde*. De antieke astronomie beschreef de bewegingen van hemellichamen *in de tijd*. Natuurkundige vergelijkingen beschrijven hoe dingen *in de tijd* veranderen. Van de vergelijkingen van Newton, waarop de dynamica is gebaseerd, tot die van Maxwell, waarmee elektromagnetische verschijnselen worden beschreven, van de Schrödinger-vergelijking die beschrijft hoe kwantumfenomenen evolueren, tot de vergelijkingen van de kwantumveldentheorie die de dynamica van subatomaire deeltjes beschrijven: onze hele natuurkunde is de wetenschap van hoe dingen evolueren 'in overeenstemming met de tijdsvolgorde'.

De conventie wil dat we de tijd aanduiden met de letter t (tijd begint met een 't' in het Nederlands, Frans, Engels en Spaans, maar niet in het Duits, Arabisch, Russisch of Chinees). Waar staat t voor? Voor het getal dat we meten met een klok. Vergelijkingen geven aan hoe de dingen veranderen naarmate de door een klok gemeten tijd verstrijkt.

Maar als verschillende klokken verschillende tijden aangeven, zoals we hierboven hebben gezien, voor welke tijd staat t dan? Als de twee vrienden van wie de ene in de bergen heeft gewoond en de andere aan de kust, elkaar terugzien, geven hun horloges verschillende tijden aan. Welke van de twee is t? Klokken in een natuurkundig laboratorium lopen niet even snel als de ene op tafel staat en de andere op de grond: welke van de twee geeft de echte tijd aan? Hoe moet je het tijdsverschil tussen de twee klokken beschrijven? Moeten we zeggen dat de klok op de grond trager loopt ten opzichte van de echte tijd die op de tafel wordt gemeten? Of dat de klok op de tafel sneller loopt ten opzichte van de echte tijd die op de grond wordt gemeten?

Die vraag is zinloos. Je kunt je net zo goed afvragen wat échter is: de waarde van de pond in dollars of de waarde van de dollar in ponden. Er bestaat geen echte waarde, er zijn twee valuta die een waarde hebben *ten opzichte van elkaar*. De ene tijd is niet echter dan de andere. Er zijn twee tijden, weergegeven door twee verschillende klokken, die *ten opzichte van elkaar* veranderen.

Sterker nog, er zijn geen twéé tijden: er zijn er een heleboel. Een andere tijd voor elk punt in de ruimte. Er bestaat niet één enkele tijd. Er bestaan talloze tijden.

De tijd die wordt aangegeven door één bepaalde klok, gemeten door een bepaald fenomeen, wordt in de natuurkunde 'eigentijd' genoemd. Elke klok heeft een eigentijd. Elk fenomeen dat voorvalt heeft zijn eigentijd, zijn eigen ritme.

Einstein heeft ons geleerd vergelijkingen op te stellen die beschrijven hoe eigentijden *ten opzichte van elkaar* evolueren. Hij heeft ons geleerd hoe we het verschil tussen twee tijden moeten berekenen.[5]

De grootheid 'tijd' spat uiteen in een spinnenweb van tijden. We beschrijven niet hoe de wereld evolueert in de tijd: we beschrijven hoe dingen evolueren in lokale tijden en hoe lokale tijden evolueren *ten opzichte van elkaar*. De wereld is geen peloton dat in een door de commandant aangegeven ritme oprukt. Het is een netwerk van gebeurtenissen die elkaar wederzijds beïnvloeden.

Zo wordt de tijd beschreven in Einsteins algemene relativiteitstheorie. Zijn vergelijkingen bevatten niet één tijd, maar ontelbare. De duur tussen twee gebeurtenissen, zoals het van elkaar scheiden en elkaar weer tegenkomen van twee horloges, is niet uniek.[6] De natuurkunde beschrijft niet hoe de dingen evolueren 'in de tijd', maar hoe de dingen evolueren in hun respectieve tijden en hoe 'de tijden' evolueren *ten opzichte van elkaar*.[7]

Zo heeft de tijd met Einstein zijn eerste laag verloren: zijn uniciteit. Op elke plek heeft de tijd een ander ritme, een andere gang. De dingen van de wereld dansen in verschillende ritmes. Als de wereld wordt ondersteund door de dansende Shiva, dan moeten er dus tienduizenden Shiva's zijn, één grote gemeenschappelijke dans, als op een schilderij van Matisse...

2
Het verlies van richting

Ook als je verleidelijker zou tokkelen op de lier
dan de Thracische Orpheus die zelfs de bomen beroerde,
dan nog keert het bloed niet terug in een ijle schim [...].
Het is hard: maar dat wat niet kan worden goedgemaakt
wordt verzacht door geduld.
Horatius, *Oden*, I, 24

WAAR KOMT HET EEUWIGE STROMEN VANDAAN?
Klokken mogen in de bergen dan sneller lopen dan aan de kust, maar is dat wat we in de kern zo interessant vinden aan de tijd? In een rivier stroomt het water bij de oevers traag en in het midden snel, maar het stroomt wel aldoor... Tijd is toch iets wat in zijn geheel van het verleden naar de toekomst stroomt? Laten we dat pietluttige meten van hoeveel tijd er verstrijkt, en de getallen waarin we dat uitdrukken waarover ik me in het vorige hoofdstuk het hoofd heb gebroken even vergeten. Er is iets veel wezenlijkers: het verstrijken ervan, het stromen, de *eeuwige stroming* uit de eerste van *De elegieën van Duino* van Rilke:

> De eeuwige stroming
> voert in beide rijken alle tijden des levens
> naar een hogere eenheid.[1]

Verleden en toekomst zijn verschillend. Oorzaak gaat vooraf aan gevolg. Pijn volgt op de verwonding en gaat daar niet aan vooraf.

Een glas breekt in duizend stukjes en die duizend stukjes worden niet weer een glas. We kunnen het verleden niet veranderen; we kunnen spijt hebben, wroeging, herinneringen aan geluk. De toekomst daarentegen is onzekerheid, verlangen, onrust, open ruimte, lot wellicht. We kunnen ermee leven, ervoor kiezen, omdat die er nog niet is: alles is er nog mogelijk... Tijd is geen lijn die er in beide richtingen hetzelfde uitziet: het is een pijl waarvan de uiteinden van elkaar verschillen:

verleden   **toekomst**

Dát is wat ons wezenlijk interesseert aan de tijd, meer dan de snelheid waarmee die verstrijkt. Dát is het wezen van de tijd. Dat verglijden dat we voelen branden op onze huid, in onze angst voor de toekomst, in het mysterie van de herinnering; daarin schuilt het geheim van de tijd, de betekenis van wat we bedoelen als we aan de tijd denken. Wat is dat stromen? Welke plek neemt het in in de grammatica van de wereld? Wat onderscheidt in de plooien van het mechanisme van de wereld het verleden, en het feit dat het geweest is, van de toekomst, en het feit dat die nog níet geweest is? Waarom verschilt het verleden zo van de toekomst?

In de negentiende en twintigste eeuw heeft de natuurkunde zich op deze vragen gestort en is gestuit op iets wat veel onverwachter en verontrustender was dan het in wezen marginale feit dat tijd op sommige plekken sneller verstrijkt dan op andere. Het verschil tussen verleden en toekomst – tussen oorzaak en gevolg, tussen herinnering en hoop, tussen wroeging en intentie – ontbreekt in de basiswetten die de mechanismes van de wereld beschrijven.

WARMTE

Het begon allemaal met een koningsmoord. Op 16 januari 1793 stemde de Nationale Conventie in Parijs vóór de doodstraf van Lodewijk XVI. Een van de diepere bronnen van de wetenschap is wellicht de ordening van de aanwezige dingen niet accepteren.[2] Onder de leden die een fatale stem uitbrengen bevindt zich Lazare Carnot, een vriend van Robespierre. Lazare is verzot op de grote Perzische dichter Saadi uit Shiraz, die door kruisvaarders in Akko gevangen werd genomen en tot slaaf werd gemaakt, en wiens schitterende verzen ingeweven in een tapijt op het hoofdkwartier van de VN hangen:

> De zonen van Adam delen hun ledematen,
> zijn gemaakt van dezelfde essentie.
> Als de rampspoed van de tijd één lidmaat raakt
> kunnen de andere geen rust vinden.
> Als je niet openstaat voor de pijn van anderen,
> ben je het onwaardig Mens genoemd te worden.

Een van de diepere bronnen van de wetenschap is wellicht de poëzie: kunnen zien voorbij het zichtbare. Carnot noemt zijn eerste zoon Sadi, naar Saadi uit Shiraz. En zo staan rebellie en poëzie aan de wieg van Sadi Carnot.

De jongen raakt in de ban van de stoommachines die vuur gebruiken om dingen te laten draaien en die de negentiende-eeuwse wereld gaandeweg een ander aanzien geven. In 1824 schrijft hij een boekje met de verlokkelijke titel *Overpeinzingen over de beweegkracht van het vuur*, waarin hij tracht de theoretische beginselen van de werking van die machines te doorgronden. Het werkje staat vol foute aannames: hij stelt zich voor dat warmte iets concreets is, een soort fluïdum dat energie produceert door van warme dingen op koude dingen te 'vallen', net zoals het water van een waterval energie produceert door omlaag te vallen. Maar er zit wel een kern van waarheid in: stoommachines functioneren per slot van rekening omdat warmte van warm overgaat in koud.

Het boekje van Sadi komt in handen van een steile Pruisische hoogleraar met een priemende blik: Rudolf Clausius. Hij snapt hoe een en ander in elkaar steekt en formuleert een wet die beroemd zal worden:

Als er rondom niets verandert, kan warmte niet
van een koud lichaam overgaan op een warm lichaam.

Cruciaal in dezen is het verschil met dingen die vallen: een bal kan vallen, maar ook op eigen kracht weer omhoogkomen, bijvoorbeeld door te stuiteren. Warmte kan dat niet.

De door Clausius geformuleerde wet is de enige algemene natuurkundige wet die aangeeft dat er verschil is tussen verleden en toekomst. Geen enkele andere wet doet dat: de wetten van de mechanische wereld van Newton, de elektromagnetische vergelijkingen van Maxwell, die van de relativistische zwaartekracht van Einstein, de vergelijkingen van de kwantummechanica van Heisenberg, Schrödinger en Dirac, die van de elementaire deeltjes van de natuurkundigen uit de twintigste eeuw... geen van deze vergelijkingen toont aan dat er verschil is tussen verleden en toekomst.[3] Als deze vergelijkingen een opeenvolging van gebeurtenissen toestaan, dan gaat dat ook op voor de omgekeerde richting, terug in de tijd.[4] In de fundamentele vergelijkingen van de wereld[5] verschijnt de tijdspijl *uitsluitend* als er sprake is van warmte.[6] De samenhang tussen tijd en warmte is dus groot: elke keer dat zich een verschil tussen verleden en toekomst manifesteert, is er ook sprake van warmte. Bij alle fenomenen die absurd worden als ze zich in omgekeerde richting voltrekken is er sprake van iets wat opwarmt.

Als ik naar een filmopname kijk van een bal die rolt, kan ik niet zeggen of die film in de juiste richting wordt afgespeeld. Pas als de bal steeds langzamer gaat rollen en ten slotte stilligt, kan ik zien dat de afspeelrichting juist was, want als de film in omgekeerde richting was afgespeeld zou er iets ongeloofwaardigs te zien zijn geweest: een bal die zich vanzelf in beweging zet. Het vertragen en het tot stilstand komen van de bal zijn het gevolg van wrijving, en wrijving produceert warmte. Alleen daar waar warmte is, is er onderscheid tussen verleden en toekomst. Gedachten ontvouwen zich vanuit het verleden naar de toekomst, niet andersom, en denken produceert dan ook warmte in je hoofd...

Clausius introduceert de grootheid waarmee dit onomkeerbare eenrichtingsverkeer van warmte wordt gemeten en geeft er een naam aan die – hij is niet voor niets een erudiete Duitser – aan het Grieks is ontleend, *entropie*: 'Ik geef er de voorkeur aan voor benamingen van belangrijke grootheden in de wetenschap te putten uit de klassieke talen, zodat ze in alle levende talen dezelfde kunnen zijn. Dus stel ik voor om de grootheid s de *entropie* van een lichaam te noemen, naar het Griekse woord voor transformatie ἡ τροπή.'[7]

so erhält man die Gleichung:

$$(64) \quad \int \frac{dQ}{T} = S - S_0,$$

welche, nur etwas anders geordnet, dieselbe ist, wie die unter (60) angeführte zur Bestimmung von S dienende Gleichung.

Sucht man für S einen bezeichnenden Namen, so könnte man, ähnlich wie von der Gröfse U gesagt ist, sie sey der *Wärme- und Werkinhalt* des Körpers, von der Gröfse S sagen, sie sey der *Verwandlungsinhalt* des Körpers. Da ich es aber für besser halte, die Namen derartiger für die Wissenschaft wichtiger Gröfsen aus den alten Sprachen zu entnehmen, damit sie unverändert in allen neuen Sprachen angewandt werden können, so schlage ich vor, die Gröfse S nach dem griechischen Worte ἡ τροπή, die Verwandlung, die *Entropie* des Körpers zu nennen. Das Wort *Entropie* habe ich absichtlich dem Worte *Energie* möglichst ähnlich gebildet, denn die beiden Gröfsen, welche durch diese Worte benannt werden sollen, sind ihren physikalischen Bedeutungen nach einander so nahe verwandt, dafs eine gewisse Gleichartigkeit in der Benennung mir zweckmäfsig zu seyn scheint.

Fassen wir, bevor wir weiter gehen, der Uebersichtlichkeit wegen noch einmal die verschiedenen im Verlaufe der Abhandlung besprochenen Gröfsen zusammen, welche durch die mechanische Wärmetheorie entweder neu eingeführt sind, oder doch eine veränderte Bedeutung erhalten haben, und welche sich alle darin gleich verhalten, dafs sie durch den augenblicklich stattfindenden Zustand des Körpers bestimmt sind, ohne dafs man die Art, wie der Körper in denselben gelangt ist, zu kennen braucht, so sind es folgende sechs: 1) der *Wärmeinhalt*, 2) der *Werkinhalt*, 3) die Summe der beiden vorigen, also der *Wärme- und Werkinhalt* oder die *Energie*; 4) der *Verwandlungswerth des Wärmeinhaltes*, 5) die *Disgregation*, welche als der Verwandlungswerth der stattfindenden Anordnung der Bestandtheile zu

De betreffende pagina van het artikel van Clausius waarin hij het concept en de term *entropie* introduceert. De vergelijking is de mathematische definitie van de entropieverandering ($s - s_0$) van een lichaam: de som (integraal) van de grootheden van warmte dQ, die met temperatuur T aan een lichaam ontsnappen.

De entropie van Clausius is een meetbare en berekenbare grootheid[8] die wordt aangeduid met de letter s en die, in een geïsoleerd proces, toeneemt dan wel gelijk blijft, maar *nooit afneemt*. Om aan te geven dat die nooit afneemt schrijf je:

$$\Delta s \geq 0$$

Dat lees je als: 'Delta s is altijd groter dan of gelijk aan nul', en dat is het tweede principe van de thermodynamica (het eerste is behoud van energie). Het betekent dat warmte van warme lichamen kan overgaan op koude lichamen, maar nooit andersom.

Bovenstaande vergelijking beschrijft de tijdspijl, en is de enige vergelijking in de fundamentele natuurkunde die het verschil tussen verleden en toekomst onderkent. De enige die gaat over het verstrijken van tijd. Achter die uitzonderlijke vergelijking gaat een hele wereld schuil, die ontsloten zal worden door een onfortuinlijke doch sympathieke Oostenrijker, kleinzoon van een klokkenmaker en een tragische, romantische figuur: Ludwig Boltzmann.

ONSCHERPTE

Boltzmann zal als eerste inzien wat er schuilgaat achter de vergelijking $\Delta s \geq 0$ en zal zich wagen aan een van de meest duizelingwekkende zoektochten naar het begrip van de innerlijke grammatica van de wereld.

Boltzmann heeft gewerkt in Graz, Heidelberg, Berlijn en Wenen, en daarna weer in Graz. Volgens hem hangt zijn ongedurigheid samen met het feit dat hij is geboren tijdens carnaval. Het is slechts deels een grap, want hij is inderdaad nogal wankelmoedig van aard: een gevoelige ziel die schommelt tussen vervoering en depressie. Klein van stuk, robuust, met donker krulhaar en een talibanbaard – zijn verloofde noemde hem 'm'n allerliefste dikkerdje'. En deze Boltzmann is dus de onfortuinlijke held van de tijdrichting.

Sadi Carnot dacht dat warmte een substantie was, een fluïdum. Hij vergiste zich. Warmte is de microscopische beweging van moleculen. Warme thee is thee waarin de moleculen veel bewegen. Koude thee is thee waarin de moleculen zo goed als niet bewegen. In een ijsblokje, dat nóg kouder is, bewegen de moleculen nog minder.

Aan het einde van de negentiende eeuw geloofden nog heel veel mensen niet dat moleculen en atomen echt bestonden. Boltzmann was daar wél van overtuigd en stak die mening niet onder stoelen of banken. Zijn felle tirades aan het adres van degenen die niet in atomen geloofden zijn legendarisch. 'Wij, die jong van hart waren, stonden allemaal aan zijn kant,' vertelt jaren later een van de toenmalige jonge helden van de kwantummechanica.[9] Op een conferentie in Wenen wierp een destijds bekend natuurkundige[10] hem tijdens een van die vurige polemieken voor de voeten dat het wetenschappelijk materialisme dood was omdat de wetten van de materie geen tijdrichting kennen: ook natuurkundigen zeggen stomme dingen.

Copernicus zag dat de aarde draaide door naar de ondergaande zon te kijken. Boltzmann zag dat atomen en moleculen woest bewegen door naar een glas roerloos water te kijken. Wij zien water in een glas zoals astronauten de aarde zien vanaf de maan: een roerloze blauwe schittering. Van de overstelpende drukte op de aarde, de planten en de dieren, de liefde en de wanhoop, zie je niets vanaf de maan. Al wat je ziet is een gevlekte, blauwe knikker. In een glas water huist een soortgelijke stormachtige activiteit, namelijk die van talloze moleculen – veel en veel meer dan alle levende wezens op aarde bij elkaar.

Door die beweging wordt alles vermengd. Als een deel van de moleculen in rust is, wordt dat meegesleurd door het gewoel van de andere en beweegt het zich vervolgens ook: de beweging verspreidt zich, en de moleculen botsen en stoten tegen elkaar aan. En zo worden koude dingen warm door het contact met warme dingen: hun moleculen komen in botsing met warme moleculen en worden meegesleurd in de beweging, oftewel ze worden warm.

Thermische beweging heeft iets weg van het voortdurend schudden van speelkaarten: de kaarten liggen op volgorde en dat wordt door het schudden, het vermengen, ongedaan gemaakt. Zo gaat warmte van warm naar koud, en niet andersom: door vermenging, doordat alles van nature naar wanorde streeft.

Ludwig Boltzmann begreep dat. Het verschil tussen verleden en toekomst ligt niet besloten in de basiswetten van de beweging, en niet in de diepere grammatica van de natuur. Het is het natuurlijke streven naar wanorde dat geleidelijk aan tot minder specifieke, minder uitzonderlijke situaties leidt.

Het is een briljante gedachte. En een correcte. Maar wordt ermee verklaard wat er ten grondslag ligt aan het verschil tussen verleden en toekomst? Nee. Het verplaatst de vraag alleen maar. Nu wordt de vraag: waarom lagen de dingen in één van de twee tijdrichtingen – te weten in de richting die we verleden noemen – op volgorde? Waarom lag het Grote Kaartspel van het universum in het verleden wél op volgorde? Waarom was de entropie in het verleden laag?

Als we kijken naar een verschijnsel dat *begint* in een toestand van lage entropie is het duidelijk waarom de entropie toeneemt: omdat alles zijn orde verliest als het vermengd wordt. Maar waarom *beginnen* de verschijnselen die we om ons heen in de kosmos observeren in toestanden van lage entropie?

Nu komen we aan de crux. Als bij een nieuw spel de eerste zesentwintig kaarten rood zijn en de volgende zesentwintig zwart, dan zeggen we dat de verdeling van de kaarten 'specifiek' is. Ze zijn 'geordend'. Een ordening die verloren zal gaan als de kaarten worden geschud. Het is een configuratie 'met een lage entropie'. De configuratie is specifiek als ik naar de kleur van de kaarten kijk – rood en zwart. Maar ze is alleen specifiek omdat ik naar de kleuren kijk. Een andere specifieke configuratie zou kunnen zijn dat de eerste zesentwintig kaarten allemaal harten en schoppen zijn. Of oneven kaarten, of de meest versleten kaarten, of precies dezelfde kaarten als drie dagen geleden... of nóg iets anders. Bij nader inzien *is elke configuratie specifiek*: elke configuratie is uniek als ik álle details ervan bekijk, want elke configuratie heeft altijd wel íets wat haar uniek maakt. Elk kind is uniek en bijzonder – in de ogen van zijn moeder.

Het idee dat sommige configuraties specifieker zijn dan andere, zoals zesentwintig rode kaarten gevolgd door zesentwintig zwarte, gaat alleen op als ik slechts naar een enkel aspect van die kaarten kijk (bijvoorbeeld naar de kleur). Als ik naar álle aspecten kijk, dan zijn de configuraties allemaal equivalent: dan is de ene niet specifieker dan de andere.[11] Alleen op het moment dat ik het universum met een onscherpe, approximatieve blik bekijk, is er sprake van specificiteit.

Boltzmann heeft laten zien dat entropie bestaat omdat we de wereld op onscherpe wijze beschrijven. Hij heeft aangetoond dat entropie de grootheid is die aangeeft hoeveel verschillende configuraties onze onscherpe blik níet onderscheidt. Warmte, entropie, de lage entropie van het verleden, zijn begrippen die deel uitmaken van een approximatieve, statistische beschrijving van de natuur.

Maar in dat geval is het verschil tussen verleden en toekomst uiteindelijk dus gerelateerd aan deze onscherpte... Als ik alle details van de exacte microscopische toestand van de wereld kon overzien, zouden de karakteristieke aspecten van het stromen van de tijd dan verdwijnen?

Ja. Als ik de dingen op microscopisch niveau bekijk, verdwijnt het verschil tussen verleden en toekomst. De toekomst van de wereld wordt bepaald door de huidige toestand, en datzelfde geldt voor het verleden.[12] We zeggen vaak dat oorzaak voorafgaat aan gevolg, maar in de elementaire grammatica van de dingen is er geen verschil tussen 'oorzaak' en 'gevolg'.[13] Er zijn in natuurkundige wetten vastgelegde regelmatigheden die gebeurtenissen aan verschillende tijden koppelen, symmetrische regelmatigheden tussen toekomst en verleden... In de microscopische beschrijving is er geen richting waarin het verleden verschilt van de toekomst.[14]

De verontrustende conclusie die oprijst uit het werk van Boltzmann is deze: het verschil tussen verleden en toekomst hangt samen met de onscherpe manier waarop *wij mensen* de wereld bezien. Het is een verbijsterende conclusie: is het mogelijk dat iets wat ik zo duidelijk ervaar, iets zo elementairs en existentieels – de richting van de tijd – afhangt van het feit dat ik de wereld niet tot in de allerkleinste details kan waarnemen? Een soort verblinding door bijziendheid? Als ik de dans van de miljarden moleculen zou kunnen zien voor wat die is, zou de toekomst dan werkelijk 'net zo' zijn als het verleden? Zou ik dan net zoveel (of weinig) af kunnen weten van het verleden als van de toekomst? Toegegeven, onze intuïties over de wereld zijn vaak verkeerd, maar kan de wereld *zo* afwijken van onze intuïtie?

Dit alles legt een bom onder de manier waarop wij in de regel tegen de tijd aankijken. Het genereert ongeloof, net zoals gebeurde toen bleek dat de aarde draaide. Maar net als bij het draaien van de aarde is er verpletterend bewijs: alle verschijnselen die het verstrijken van de tijd karakteriseren zijn te herleiden tot een 'specifieke' toestand in het verleden van de wereld, en die is 'specifiek' omdat wij er met een onscherpe blik naar kijken.

Verderop in dit boek zal ik dieper ingaan op het mysterie van deze onscherpte en hoe die samenhangt met het even vreemde als onwaarschijnlijke ontstaan van het universum. Op deze plaats beperk ik me ertoe te wijzen op het verbluffende feit dat entropie – zoals Boltzmann al inzag – niets anders is dan het aantal microscopische toestanden die onze onscherpe blik op de wereld niet kan onderscheiden.

De vergelijking die dat beschrijft[15] staat op Boltzmanns graf in Wenen gebeiteld, boven zijn marmeren buste. Hij oogt streng en bars, wat hij volgens mij helemaal niet was. Het graf wordt regelmatig bezocht door jonge natuurkundestudenten, die daar dan in gedachten verzonken even blijven staan. En soms ook door een enkele hoogleraar op leeftijd.

Weer is de tijd een cruciaal stukje kwijtgeraakt: het intrinsieke verschil tussen verleden en toekomst. Boltzmann zag in dat er niets intrinsieks is aan het stromen van de tijd. Behalve de onscherpe reflectie van een mysterieuze en onwaarschijnlijke toestand van het universum in een punt in het verleden. Alleen die is de bron van de 'eeuwige stroming' uit de *Elegie* van Rilke.

Het 'allerliefste dikkerdje' Ludwig Boltzmann, die op vijfentwintigjarige leeftijd al wordt aangesteld als hoogleraar, die op het toppunt van zijn roem wordt ontvangen aan het keizerlijk hof en die fel wordt bekritiseerd door een groot deel van de academische wereld dat zijn ideeën niet begrijpt, wisselde zijn leven lang periodes van vervoering af met depressies, en zal ten slotte in Duino, in de buurt van Triëst, door ophanging een einde aan zijn leven maken, terwijl zijn vrouw en dochter aan het zwemmen zijn in de Adriatische Zee. Hetzelfde Duino waar Rilke enkele jaren later zijn elegie zal schrijven.

3

Het einde van het heden

> De gure winter wordt zachter door de terugkeer van de lente en de zoele westenwind,
> windassen trekken de droge scheepskielen de zee in, [...]
> Nu dien je je stralende hoofd met groene mirte te omkransen.
> Horatius, *Oden*, I, 4

OOK SNELHEID DOET DE TIJD VERTRAGEN

Tien jaar voordat hij begreep dat tijd wordt vertraagd door massa's[1] had Einstein al begrepen dat tijd wordt vertraagd door snelheid.[2] De consequentie van die ontdekking is dat onze intuïtieve opvatting van tijd volkomen onderuit wordt gehaald.

Het gegeven op zich is eenvoudig: in plaats van de twee vrienden uit het eerste hoofdstuk naar de bergen en naar de kust te sturen, vragen we de een om op zijn plek te blijven en de ander om heen en weer te lopen. De tijd verstrijkt langzamer voor de vriend die loopt.

Net als eerder is er verschil in levensduur tussen de twee vrienden: degene die zich beweegt wordt minder snel oud, zijn horloge wijst minder tijd aan, hij heeft minder tijd om te denken, de plant die hij met zich meedraagt doet er langer over om uit te lopen, en ga zo maar door. Voor alles wat beweegt, verstrijkt de tijd langzamer.

Om dit minieme effect zichtbaar te maken moet je wel snel bewegen. De eerste keer dat dit werd gemeten was in de jaren zeven-

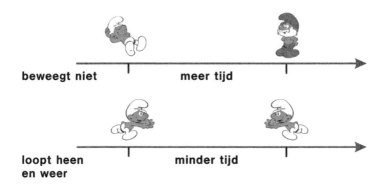

tig, door atoomklokken die werden meegenomen in straalvliegtuigen.[3] De vliegende klok blijft achter bij een vergelijkbare klok op aarde. Vandaag de dag wordt het feit dat snelheid de tijd vertraagt in veel fysische experimenten rechtstreeks waargenomen.

Ook in dit geval had Einstein al vóórdat het verschijnsel daadwerkelijk was waargenomen begrepen dat tijd kan worden vertraagd, en wel op zijn vijfentwintigste, toen hij het elektromagnetisme bestudeerde. Het was niet eens heel moeilijk om dat af te leiden: elektriciteit en magnetisme worden duidelijk beschreven door de Maxwell-vergelijkingen. Ze bevatten de gebruikelijke variabele tijd t, maar hebben een eigenaardige eigenschap: als je met een bepaalde snelheid reist, gaan de Maxwell-vergelijkingen voor jou niet meer op (dat wil zeggen, ze beschrijven niet dat wat jij meet), tenzij je een *andere* variabele 'tijd' noemt, te weten t'.[4] Hoewel deze eigenaardigheid van de Maxwell-vergelijkingen al door wiskundigen was gesignaleerd,[5] begreep niemand wat die inhield. Einstein begreep dat wel: t is de tijd die verstrijkt voor mij als ik stilsta, het tempo waarin verschijnselen optreden die net als ik niet bewegen; t' is 'jouw tijd': het tempo waarin verschijnselen optreden die samen met jou bewegen. t is de tijd die wordt gemeten door mijn niet bewegende horloge, t' de tijd die jouw bewegende horloge meet. Het was bij niemand opgekomen dat de tijd van een uurwerk in stilstand zou kunnen verschillen van die van een uurwerk in beweging. Einstein maakte het op uit de vergelijkingen van het elektromagnetisme: hij nam ze serieus.[6]

Een object in beweging ervaart dus een kortere duur dan een object in stilstand: een klok tikt minder seconden weg, een plant groeit minder, een jongen droomt minder. Voor een bewegend object[7] is de tijd gecomprimeerd. Niet alleen bestaat er voor verschillende plekken geen gemeenschappelijke tijd, maar er bestaat ook niet één tijd voor één plek. Duur bestaat slechts bij de gratie van beweging van iets, bij de gratie van een bepaald traject. De eigentijd hangt niet alleen af van waar we zijn en van de eventuele nabijheid van massa's, maar ook van de snelheid waarmee we bewegen.

Op zich is dat een vreemd gegeven. Maar de gevolgen ervan zijn buitengewoon. Hou je vast, daar gaan we...

'NU' BETEKENT NIETS

Wat gebeurt er *nu* op een plek ver weg? Laten we ons bijvoorbeeld voorstellen dat mijn zuster naar Proxima b is gegaan, de onlangs ontdekte planeet die zich op ongeveer vier lichtjaren afstand van de aarde bevindt. Vraag: wat is mijn zuster *nu* aan het doen op Proxima b?

Het correcte antwoord luidt dat de vraag onzinnig is. Het is alsof je in Venetië bent en vraagt: 'Wat is er *hier*, in Beijing?' Dat is een onzinnige vraag omdat ik, als ik 'hier' zeg en in Venetië ben, verwijs naar een plek die zich in Venetië bevindt, en niet in Beijing.

Als ik vraag wat mijn zus nú aan het doen is, is het antwoord in de regel makkelijk te geven – tenminste, als ik haar kan zien. Als ze ver weg is, bel ik haar op en vraag het haar. Maar opgelet: als ik haar kan zien, vang ik licht op dat van haar naar mijn ogen reist. Het licht doet even over die reis, laten we zeggen een paar nanoseconden – een miljardste van een seconde – en dus zie ik niet wat ze *nu* aan het doen is: ik zie wat ze een nanoseconde geleden deed. Als ze in New York is en ik bel haar op, dan doet haar stem er een paar milliseconden over om van New York naar mij te reizen, en dus kan ik hoogstens weten wat mijn zus een paar milliseconden eerder deed. Verwaarloosbaar.

Maar als mijn zus op Proxima b is, dan doet het licht er vier jaar over om van daar hiernaartoe te reizen. Dus als ik door een telescoop naar mijn zuster kijk, of als ik een radiobericht van haar ontvang, weet ik wat ze vier jaar geleden deed, niet wat ze nu doet. Wat ik door de telescoop zie, of wat ik hoor via haar stem die uit de radio komt, is beslist niet 'nu op Proxima b'.

Kan ik dan misschien zeggen dat wat mijn zus *nu* doet datgene is wat ze doet vier jaar na het moment waarop ik haar door de telescoop zie? Nee, dat werkt niet, want vier jaar na het moment waarop ik haar zie, zou ze in háár tijd alweer op aarde kunnen zijn teruggekeerd. Dus dat is zeker niet nu!

Stel dat mijn zus tien jaar geleden naar Proxima b is vertrokken en een kalender heeft meegenomen om de tijd bij te houden, kan ik dan denken dat het voor haar nú is als ze tien jaar heeft afgeteld? Nee, dat werkt niet: tien jaar (van háár jaren) na haar vertrek zou ze al hier kunnen zijn teruggekeerd, waar dan inmiddels twintig jaar zou zijn verstreken. Wanneer is dan nú op Proxima b?

Er zit niets anders op dan het op te geven.[8] Er is geen enkel specifiek moment op Proxima b dat overeenkomt met dat wat hier nu het heden is.

Beste lezer, neem even pauze en laat dit goed tot je doordringen. Volgens mij is het de meest verbijsterende conclusie van de gehele hedendaagse natuurkunde.

Je afvragen welk moment in het leven van mijn zus op Proxima b overeenkomt met *nu* heeft geen zin. Het is net zo zinloos als vragen welk voetbalelftal het kampioenschap basketbal heeft gewonnen of hoeveel geld een zwaluw heeft verdiend. Het kampioenschap basketbal verwijst namelijk naar basketbal – en niet naar voetbalelftallen, en geld verdienen verwijst naar mensen in onze maatschappij, niet naar zwaluwen. En zo verwijst het begrip 'heden' naar dingen vlakbij, niet ver weg.

Ons 'heden' strekt zich niet uit over het hele universum. Het is als een bubbel rondom ons.

Tot waar reikt die bubbel? Dat hangt af van de nauwkeurigheid waarmee we de tijd bepalen. Als het nanoseconden zijn, strekt het heden zich slechts over een paar meter uit; als het milliseconden zijn, over enige kilometers. Wij mensen kunnen ternauwernood tienden van seconden onderscheiden, en we kunnen de hele planeet aarde met het grootste gemak zien als één enkele bubbel, waarin we het heden beschouwen als een moment dat voor ons allen gemeenschappelijk is. Buiten die bubbel gaat dat niet meer op. Daar bevindt zich ons verleden (de gebeurtenissen die hebben plaatsgevonden vóór datgene wat we kunnen zien). En onze toekomst (de gebeurtenissen die zullen plaatsvinden na het moment waarop we, daarvandaan, het hier en nu kunnen zien). Maar tússen eerstgenoemde en laatstgenoemde gebeurtenissen ligt een tijdspanne die verleden noch toekomst is maar wel een duur heeft: vijftien minuten op Mars, acht jaar op Proxima b, miljoenen jaren in de Andromeda-nevel. Dat is het uitgebreide heden.[9] Wellicht de grootste en vreemdste van Einsteins ontdekkingen.

Het idee dat er overal in het universum een eenduidig *nu* bestaat is dus een illusie, een ongegronde extrapolatie van onze ervaring.[10] Het is net als met het punt waar de regenboog de grond raakt: we menen dat punt te kunnen zien, maar als we gaan kijken is het er niet.

Als ik in de interplanetaire ruimte vraag: bevinden deze twee stenen zich 'op dezelfde hoogte'? Dan luidt het juiste antwoord: dat is een zinloze vraag, want er bestaat niet één eenduidig begrip 'dezelfde hoogte' in het universum. Als ik vraag: kunnen twee gebeurtenissen, een op de aarde en een op Proxima b, 'op hetzelfde moment' plaatsvinden? Dan luidt het juiste antwoord: dat is een

zinloze vraag, want er bestaat niet één eenduidig begrip 'zelfde moment' in het universum.
De zinsnede 'het heden van het universum' betekent niets.

DE TIJDSTRUCTUUR ZONDER HET HEDEN
Gorgo is de vrouw die Griekenland heeft gered omdat ze begreep dat er op een door een Griek vanuit Perzië gestuurd wastablet ónder de was een geheime boodschap stond waarin de Grieken werden gewaarschuwd voor een Perzische aanval. Gorgo had een zoon, Pleistarchus, van Leonidas, koning van Sparta, de held van Thermopylae, die haar oom was: de broer van haar vader Cleomenes. Wie behoort er nu tot 'dezelfde generatie' als Leonidas? Gorgo, die de moeder van zijn zoon is, of Cleomenes, met wie hij een vader deelt, te weten Anaxandridas? Hieronder een schemaatje voor wie net als ik moeite heeft met verwantschappen:

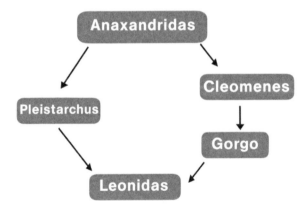

Er bestaat een analogie tussen generaties en de door de relativiteitstheorie aan het licht gebrachte tijdstructuur van de wereld: het is zinloos je af te vragen of Cleomenes dan wel Gorgo 'van dezelfde generatie' zijn als Leonidas, omdat 'dezelfde generatie' geen eenduidig[11] begrip is. Als we zeggen dat Leonidas en zijn broer 'van dezelfde generatie' zijn omdat ze dezelfde vader hebben, en dat Leonidas en zijn vrouw 'van dezelfde generatie' zijn omdat ze samen een zoon hebben, moeten we ook zeggen dat Gorgo en haar vader tot 'dezelfde generatie' behoren! Verwantschapsrelaties brengen een zekere orde aan tussen bepaalde mensen (Leonidas, Gorgo en Cleomenes komen allemaal na Anaxandridas en vóór Pleistarchus…), maar niet tussen álle mensen: Leonidas en Gorgo komen voor noch na elkaar.

Wiskundigen noemen de door verwantschapsrelaties vastgestelde orde een 'partiële ordening'. Met een partiële ordening wordt vastgesteld wat de relatie van *voor* en *na* is tussen bepaalde, maar niet alle elementen. Mensen vormen een geheel dat 'partieel geordend' (niet 'totaal geordend') is door de verwantschapsrelatie. De verwantschap stelt een ordening vast (*voor* de nazaten, *na* de voorzaten), maar niet tussen iedereen. Om te zien hoe deze ordening in elkaar steekt, hoef je alleen maar te denken aan een stamboom, zoals deze van Gorgo:

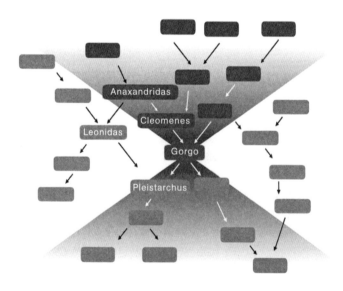

Er is een kegel 'verleden' die haar voorzaten bevat, en een kegel 'toekomst' die haar nazaten bevat. Buiten die kegels staan degenen die voor- noch nazaten zijn.

Elk mens heeft zijn eigen kegel van voorzaten en kegel van nazaten. Die van Leonidas staan hieronder afgebeeld, in combinatie met die van Gorgo.

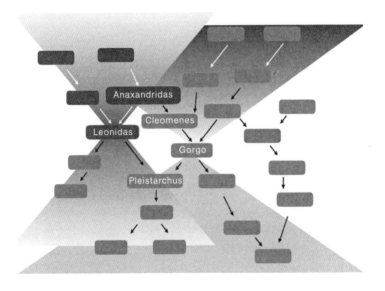

Dit is ongeveer hoe de tijdstructuur van het universum eruitziet. Ook die bestaat uit kegels. De relatie 'in de tijd voorafgaan' is een relatie van uit kegels bestaande partiële ordening.[12] De speciale relativiteitstheorie houdt de ontdekking in dat de tijdstructuur van het universum net zo in elkaar steekt als verwantschappen: ze impliceert een ordening van de gebeurtenissen van het universum die *partieel* en niet *volledig* is. Het uitgebreide heden is het geheel van gebeurtenissen die noch voorbij, noch toekomstig zijn, zoals er ook mensen zijn die noch onze nazaten, noch onze voorzaten zijn.

Als we alle gebeurtenissen van het universum en hun temporele relaties visueel willen weergeven, kunnen we dat niet langer doen met één enkel universeel onderscheid tussen verleden, heden en toekomst, dus zo:

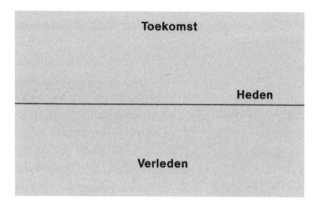

We zullen dat moeten doen door boven en onder elke gebeurtenis de kegel van haar toekomstige en voorbije gebeurtenissen weer te geven:

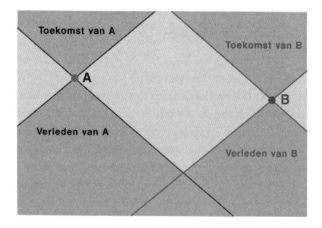

(Natuurkundigen hebben de gewoonte – waarom weet ik niet – om de toekomst bovenaan en het verleden onderaan te plaatsen, in tegenstelling tot wat in stambomen gebruikelijk is.) Elke gebeurtenis heeft haar verleden, haar toekomst én een universumdeel dat voorbij noch toekomstig is, zoals elk mens voor- en nazaten heeft, en anderen die voor- noch nazaten zijn.

Het licht reist langs de schuine lijnen die deze kegels begrenzen. Daarom heten deze kegels 'lichtkegels'. Het is gebruikelijk die lijnen in een hoek van ongeveer 45 graden te tekenen, maar het zou realistischer zijn ze veel horizontaler te tekenen, dus zo:

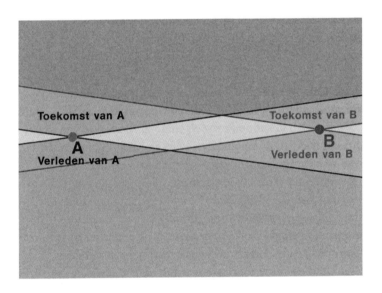

omdat, op de schalen waaraan we gewend zijn, het uitgebreide heden dat ons verleden scheidt van onze toekomst, heel kort is (nanoseconden) en bijna niet waarneembaar, waardoor het wordt 'samengedrukt' tot een dunne horizontale strook die datgene verbeeldt wat wij 'heden' plegen noemen, zonder verdere kwalificatie.

Kort gezegd: er bestaat geen gemeenschappelijk heden; de tijdstructuur van de ruimtetijd is niet opgedeeld in laagjes tijd:

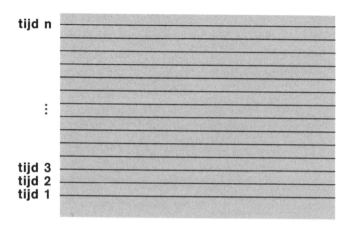

maar heeft eerder een structuur die wordt gevormd door het totaal van alle lichtkegels:

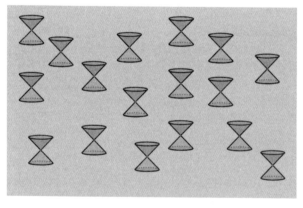

Dit is de structuur van de ruimtetijd zoals Einstein die op vijfentwintigjarige leeftijd begreep.

Tien jaar later begrijpt hij dat de snelheid waarmee de tijd verstrijkt op elke plek weer anders is. Daaruit volgt dat de tekening van de ruimtetijd in werkelijkheid niet zo geordend is als hierboven werd weergegeven, maar ook vervormd kan zijn en er eerder zo uitziet:

Als er bijvoorbeeld een zwaartekrachtgolf voorbijkomt, wiegen de lichtkegels allemaal tegelijk heen en weer, net als graanhalmen in de wind. De structuur van de kegels kan er zelfs voor zorgen dat je, terwijl je je steeds in de richting van de toekomst beweegt, terugkeert naar hetzelfde punt in de ruimtetijd. Dat ziet er dan zo uit:

zodat het kan gebeuren dat een gestage gang richting toekomst terugvoert naar de uitgangsgebeurtenis.[13,14] De eerste die dat besefte was Kurt Gödel, de grote logicus van de twintigste eeuw en de laatste vriend van Einstein – ze wandelden op latere leeftijd samen over de laantjes van Princeton. In de nabijheid van een zwart gat kantelen de lichtkegels naar het gat toe, als volgt,[15]

omdat de massa van het zwarte gat de tijd zozeer vertraagt dat die aan de rand ervan (die de waarnemingshorizon wordt genoemd) tot stilstand komt. Als je goed kijkt, loopt het oppervlak van het zwarte gat parallel met de randen van de kegels. Dus om uit een zwart gat te komen zou je je (in de richting van de zwarte pijl op de volgende afbeelding) naar het heden moeten bewegen in plaats van naar de toekomst!

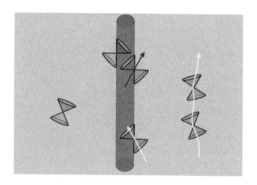

Hetgeen onmogelijk is. Objecten bewegen zich uitsluitend in de richting van de toekomst, zoals de witte pijlen op de afbeelding aangeven. Het is kortom inherent aan een zwart gat dat lichtkegels inwaarts neigen, waardoor zich een horizon vormt die een ruimtegebied omsluit dat in de toekomst ligt ten opzichte van alles wat er zich omheen bevindt. Meer is het niet: zwarte gaten worden voortgebracht door de merkwaardige lokale structuur van het heden.

Al meer dan honderd jaar geleden hebben we geleerd dat het 'heden van het universum' niet bestaat. En toch vinden we het nog steeds verwarrend, kunnen we het gevoelsmatig maar moeilijk bevatten. Af en toe is er een natuurkundige die zich ertegen verzet en tracht aan te tonen dat het niet waar is.[16] Filosofen blijven discussiëren over de verdwijning van het heden. Er worden tegenwoordig talloze conferenties over dit onderwerp gehouden.

Als het heden niets betekent, wat 'bestaat' er dan in het universum? Is dat wat 'bestaat' niet dat wat er is 'in het heden'? Het hele idee dat het universum nú bestaat in een bepaalde configuratie en met het verstrijken van de tijd compleet verandert, gaat niet meer op.

4
Het verlies van onafhankelijkheid

Het naargeestige water dat wij allen,
die worden gevoed met het geschenk van de aarde,
moeten oversteken.
Horatius, *Oden*, II, 14

WAT GEBEURT ER ALS ER NIETS GEBEURT?
Een paar microgram lsd volstaat om onze tijdsbeleving op waanzinnige en magische wijze te laten uitdijen.[1] 'Hoelang duurt altijd?' vraagt Alice in de film *Alice in Wonderland* van Tim Burton, en het Witte Konijn antwoordt: 'Soms maar een seconde. Er zijn dromen die maar een paar seconden duren maar waarin alles gestold lijkt tot een eeuwigheid.'[2] In onze persoonlijke beleving is tijd elastisch. Uren vliegen als minuten voorbij, minuten slepen zich voort of het eeuwen zijn. Enerzijds wordt de tijd gestructureerd door de liturgie – Pasen volgt op de vastentijd, de vastentijd volgt op Kerstmis, de ramadan begint bij *hilāl*, het verschijnen van de sikkel van de nieuwe maan, en eindigt met *Ied-al-Fitr*, het Suikerfeest – maar anderzijds wordt de gelovige door elke mystieke ervaring (bijvoorbeeld het moment waarop de hostie wordt geconsacreerd) buiten de tijd geworpen en is hij in contact met de eeuwigheid. Hoe hebben we, voordat Einstein ons vertelde dat dat niet zo was, in hemelsnaam kunnen denken dat de tijd overal even snel gaat? Het is beslist niet onze eigen waarneming van tijdsspannen die ons het idee heeft gegeven dat de tijd altijd en overal even snel verstrijkt. Waar hebben we dat dan geleerd?

Al eeuwenlang verdelen we de tijd in dagen. Het woord 'tijd' gaat waarschijnlijk terug op de Indo-Europese wortel *dih* of *deh*, die staat voor 'verdelen'. Al eeuwenlang verdelen we de dag in uren.[3] Gedurende het merendeel van deze eeuwen waren de uren in de zomer echter langer dan in de winter, omdat de tijd tussen zonsop- en zonsondergang werd verdeeld in twaalf uur: het eerste uur was zonsopgang en het twaalfde uur zonsondergang, onafhankelijk van het jaargetijde, zoals ook te lezen valt in de parabel van de wijnbouwer in het Evangelie van Mattheus.[4] Omdat er (zeggen we nu) 's zomers tussen zonsop- en zonsondergang 'meer tijd verstrijkt' dan in de winter, duurden de uren in de zomer langer, en die in de winter korter.

Rond de Middellandse Zee en in China bestonden er in de Oudheid al zonnewijzers, waterklokken en zandlopers, maar die speelden nog niet de rol die klokken nu spelen in de organisatie van ons dagelijks leven. Pas tegen de dertiende eeuw begint het leven van de mensen in Europa gereguleerd te worden door mechanische klokken. Steden en dorpen bouwden hun kerk, en naast die kerk een klokkentoren met een klok die het ritme bepaalde van de erediensten. Het tijdperk van de door klokken gereguleerde tijd was begonnen.

Beetje bij beetje gaat de tijd uit de handen van de engelen over in die van de wiskundigen. Dat is goed te zien in de kathedralen van Chartres en Straatsburg, waar zonnewijzers respectievelijk worden vastgehouden door een engel (een beeld uit de twaalfde eeuw) en door een wiskundige (zonnewijzer uit het einde van de vijftiende eeuw, zie p. 48).

Het nut van klokken is dat ze allemaal dezelfde tijd aangeven. Maar ook dat idee is veel moderner dan we ons kunnen voorstellen. Eeuwenlang, toen er nog te paard, te voet of per koets werd gereisd, was er geen enkele reden om klokken op uiteenlopende plekken dezelfde tijd te laten aangeven. Sterker nog, er was een prima reden om dat niet te doen. Het middaguur is per definitie

Engel met zonnewijzer (Chartres)   Astroloog met zonnewijzer
                                    (Straatsburg)

het moment waarop de zon het hoogst aan de hemel staat. In elke stad, in elk dorp bevond zich een zonnewijzer die het moment aangaf waarop het middaguur was aangebroken, waardoor het mogelijk was de klok op de klokkentoren gelijk te zetten, zodat iedereen dat kon zien. In Lecce, Venetië, Florence of Turijn staat de zon niet op hetzelfde moment op haar hoogst, omdat die zich van oost naar west beweegt. In Venetië staat de zon veel eerder op haar hoogst dan in Turijn, en de klokken in Venetië hebben dan ook eeuwenlang ruim een halfuur voorgelopen op die in Turijn. Elk dorpje kende zijn eigen tijd. Op het station in Parijs was het altijd een beetje later dan in de rest van de stad, om de reiziger tegemoet te komen.[5]

In de negentiende eeuw doet de telegraaf zijn intrede, er komen meer treinen en ze rijden sneller, en dus wordt het zaak de klokken in de verschillende steden te synchroniseren. Het is lastig om aankomst- en vertrektijden vast te stellen als elk station zijn eigen tijd hanteert. De Verenigde Staten is het eerste land dat tracht de tijd voor de hele wereld te standaardiseren: aanvankelijk wordt voorgesteld één universele tijd vast te stellen. In dat geval zou 'twaalf uur' het moment zijn waarop in Londen de zon op haar hoogst staat: het middaguur zou in Londen dan om 12.00 uur vallen, en in New York om ongeveer 18.00 uur. Het voorstel viel niet in goede aarde, omdat mensen gehecht waren aan hun lokale tijd. In 1883 wordt er een compromis bereikt: de wereld wordt verdeeld in tijdzones en de tijd binnen die afzonderlijke zones wordt gestandaardiseerd. Op die manier blijft de discrepantie tussen 'twaalf uur op de klok' en het plaatselijke middaguur beperkt tot hooguit een minuut of dertig. Het voorstel wordt gaandeweg door de hele wereld overgenomen en er wordt een begin gemaakt met het synchroniseren van de klokken in verschillende steden.[6]

Het kan geen toeval zijn dat de jonge Einstein voordat hij aan de universiteit ging werken een betrekking had bij het Zwitserse Patentbureau, waar hij zich onder andere bezighield met patenten op systemen voor het synchroniseren van stationsklokken. Waarschijnlijk is hij daar op het idee gekomen dat het synchroniseren van klokken in de grond wel eens een onoplosbaar probleem zou kunnen zijn. Er lagen slechts enkele jaren tussen het moment dat men was overeengekomen klokken te synchroniseren en het moment waarop Einstein zich realiseerde dat dat onmogelijk was.

Voordat er klokken bestonden kon de mens de tijd millennia lang alleen maar afmeten aan de wisseling van dag en nacht, die ook het leven van dieren en planten bepaalt. Dag- en nachtritmes zijn alomtegenwoordig in de wereld. Ze zijn essentieel voor het leven, en het lijkt me waarschijnlijk dat ze ook bij het ontstaan van het leven op aarde van doorslaggevend belang zijn geweest: er is oscillatie nodig om een mechanisme in werking te zetten. Levende organismen zitten vol verschillende soorten klokken: moleculaire, neuronale, chemische en hormonale, die allemaal min of meer op elkaar zijn afgestemd.[7] Er bestaan chemische mechanismen die tot op het niveau van de elementaire biochemie van de afzonderlijke cellen een vierentwintiguursritme aanhouden.

Het dag- en nachtritme ligt aan de basis van ons idee over tijd: op de nacht volgt de dag, op de dag volgt de nacht. We tellen de tikken van die Grote Klok, we tellen de dagen. In het oeroude bewustzijn van de mens is tijd vóór alles een optelsom van dagen. Ook tellen we seizoenen en jaren, maancycli, de oscillaties van een slinger, het aantal keren dat een zandloper wordt omgedraaid. Dit is de manier waarop wij ons de tijd van oudsher hebben voorgesteld: tellen hoe de dingen veranderen.

Aristoteles is naar we weten de eerste die zich de vraag heeft gesteld wat tijd is, en hij kwam tot de volgende conclusie: tijd is de maat van de beweging. Dingen bewegen, veranderen voortdurend, en het meetbare, telbare aspect van die veranderingen noemen we 'tijd'. Het idee van Aristoteles snijdt hout: tijd is waar we op doelen als we vragen 'wanneer?'. 'Over hoeveel tijd kom je terug?' betekent 'Wanneer kom je terug?' Het antwoord op de vraag 'wanneer?' verwijst naar iets wat gebeurt. 'Ik kom over drie dagen terug' betekent dat tussen vertrek en terugkeer de zon drie keer op en onder is gegaan. Zo simpel als wat.

Maar als er niets verandert, als er niets beweegt, verstrijkt de tijd dan dus niet? Aristoteles dacht inderdaad dat dat het geval was. Als er niets verandert, verstrijkt de tijd niet, want tijd is dat wat wij gebruiken om onze plek te bepalen ten opzichte van het veranderen der dingen, om ons te positioneren ten opzichte van het tellen van de dagen. Tijd is de maat van de beweging:[8] als er niets beweegt, niets verandert, is er geen tijd.

En de tijd die ik geluidloos hoor verstrijken? 'Zelfs wanneer het donker is en wij via ons lichaam geen enkele gewaarwording hebben, maar er wel een vorm van verandering in de ziel is, dan hebben wij meteen ook de indruk dat er tijd verstreken is,' schrijft Aristoteles in zijn *Physica*.[9] Met andere woorden, ook de tijd die we binnen onszelf voelen verstrijken is de maat van een beweging, een beweging binnen onszelf. Als er niets beweegt, is er geen tijd, want tijd is niet meer dan het spoor van de beweging.

Newton daarentegen is een volkomen tegengestelde mening toegedaan. Hij schrijft in zijn *Principia*, zijn belangrijkste werk: 'Tijd, ruimte, plaats en beweging definieer ik niet, want deze zijn iedereen welbekend. Alleen moet ik opmerken dat de mensen deze begrippen steeds beschouwen in betrekking tot waarneembare objecten. Daaruit ontstaan misvattingen, en om die weg te nemen is het nodig om bij deze begrippen onderscheid te maken tussen relatieve, schijnbare en gewone tijd enerzijds, en absolute, ware en mathematische tijd anderzijds. De relatieve, schijnbare en gewone tijd is de waarneembare en uiterlijke maat van een tijdsduur, die gewoonlijk wordt gebruikt in plaats van de ware tijd, zoals een uur, een dag, een maand en een jaar. De absolute, ware en mathematische tijd loopt uit zichzelf en volgens zijn eigen natuur gelijkmatig zonder enig verband met iets anders.'[10]

Met andere woorden, Newton onderkent dat er een 'tijd' bestaat die de dagen en de bewegingen meet, te weten die van Aristoteles (relatief, schijnbaar en gewoon). Maar hij stelt dat er ook nog een *andere* tijd moet bestaan. De 'ware' tijd, die *hoe dan ook* verstrijkt, onafhankelijk van dingen en gebeurtenissen. Als alles stil zou blijven staan, en ook onze zielsbewegingen zouden bevriezen, dan zou die tijd, beweert Newton, doorgaan met verstrijken, onverstoorbaar en gelijk aan zichzelf: de 'ware' tijd. En dat is het tegendeel van wat Aristoteles beweert.

Newton zegt dat we niet direct, doch uitsluitend indirect toegang hebben tot de 'ware' tijd, en wel door middel van berekeningen. Het is niet de tijd die bepaald wordt door de dagen, want 'natuurlijke dagen duren in werkelijkheid niet allemaal even lang, alhoewel we dat in de regel wel zo ervaren, en astronomen moeten die veranderlijkheid corrigeren met behulp van accurate deducties die uitgaan van de hemelbewegingen'.[11]

Wie heeft er gelijk? Aristoteles of Newton? Twee van de scherpste en diepzinnigste natuurvorsers die de mensheid ooit heeft gekend presenteren ons twee tegenovergestelde manieren om naar de tijd te kijken. Twee giganten die ons elk in een andere richting trekken.¹²

Aristoteles: Tijd is slechts de maat van de verandering.

Newton: Er is een tijd die verstrijkt, ook als er niets verandert.

Is tijd uitsluitend een manier om te meten hoe de dingen veranderen, zoals Aristoteles beweert, of moeten we ervan uitgaan dat er een absolute tijd bestaat die uit zichzelf verstrijkt, los van de dingen? De juiste vraag is: welke van deze twee manieren om naar de tijd te kijken helpt ons het beste om de wereld te begrijpen? Welke van de twee theoretische modellen is overtuigender?

Reeds enkele eeuwen lijkt de rede over te hellen naar Newtons kant. Het model van Newton (tijd is niet afhankelijk van de dingen) heeft aan de wieg gestaan van de moderne natuurkunde, die geweldig goed werkt en waarin tijd wordt beschouwd als entiteit die uniform en onverstoorbaar verstrijkt. Newtons vergelijkingen beschrijven hoe de dingen zich bewegen *in de tijd*: ze bevatten de letter *t*, voor tijd.¹³ Waar staat die letter voor? Voor de tijd *t* die wordt opgedeeld in langere zomeruren en kortere winteruren? Nee, natuurlijk niet. Ze staat voor de absolute, ware en mathematische tijd die volgens Newton *onafhankelijk van iets wat verandert dan wel beweegt* verstrijkt.

Voor Newton zijn klokken apparaten die dit gelijkmatige en uniforme verstrijken van de tijd, zij het altijd onnauwkeurig, trachten te volgen. Newton schrijft dat deze absolute, ware en mathematische tijd niet waarneembaar is. Men dient die door middel van aandachtig rekenwerk te deduceren uit de regelmaat van verschijnselen. Newtons tijd wordt niet door onze zintuigen waargenomen: het is een elegante cerebrale constructie. Als deze los van de dingen bestaande Newton-tijd je volkomen logisch en vanzelfsprekend voorkomt, dan komt dat, waarde lezer, omdat je die op school hebt 'gehad'. Omdat wij de tijd beetje bij beetje allemaal op die manier zijn gaan zien. Die visie heeft zich via schoolboeken over de hele wereld verspreid en is gemeengoed geworden. We hebben haar tot onze intuïtie gemaakt. Maar het bestaan van een uniforme tijd die losstaat van de dingen en hun beweging, iets wat *vandaag de dag* heel logisch kan lijken, is voor de mensheid geen oeroude, natuurlijke intuïtie: het is een idee van Newton.

Het merendeel van de filosofen reageerde niet al te best op dat idee: beroemd is de woedende reactie van Leibniz en diens verdediging van de traditionele stelling dat tijd niet meer is dan een reeks voorvallen en niet bestaat als autonome entiteit. Het verhaal gaat dat Leibniz, wiens naam je soms nog aantreft met een *t* erin (Leibnitz), die *t* expres uit zijn naam heeft geschrapt om ervan te getuigen dat hij geloofde dat *t*, de tijd, niet bestaat.[14]

Tot Newton beschouwde de mens 'tijd' als een manier om bij te houden hoe dingen veranderen. Totdat hij ten tonele verscheen had niemand zich ooit voorgesteld dat er een tijd kon bestaan die niet afhankelijk was van de dingen. Je kunt er kortom maar beter niet van uitgaan dat je intuïties en ideeën vanzelfsprekend zijn: ze zijn vaak het geestesproduct van onverschrokken denkers die ons zijn voorgegaan.

Maar had Newton het gelijk werkelijk meer aan zijn kant dan die andere gigant, Aristoteles? Wat is de 'tijd' die Newton introduceerde eigenlijk precies, de tijd die zo goed 'werkt' in zijn vergelijkingen dat hij de hele wereld van het bestaan ervan heeft overtuigd en die níet de waargenomen tijd is?

Om daar opheldering over te krijgen en de twee giganten op een wonderlijke manier toch met elkaar te verzoenen, hebben we een derde gigant nodig. Maar voordat we hem ten tonele voeren, volgt eerst nog een korte uiteenzetting over de ruimte.

WAT IS ER DAAR WAAR ER NIETS IS?

De twee interpretaties van tijd (enerzijds de maat van het 'wanneer' ten opzichte van gebeurtenissen, zoals Aristoteles beweert, en anderzijds een entiteit die ook verstrijkt als er niets gebeurt, zoals Newton beweert) zijn ook toepasbaar op de ruimte.

Als we 'wanneer?' vragen, hebben we het over tijd. Als we 'waar?' vragen, over ruimte. Als ik vraag waar het Colosseum is, dan luidt een mogelijk antwoord: 'in Rome'. Als ik vraag 'waar ben je?' dan luidt een mogelijk antwoord: 'thuis'. Antwoord geven op de vraag 'waar is x?' betekent een indicatie geven van hetgeen zich *rondom* x bevindt, welke andere dingen zich *in de buurt* van x bevinden. Als ik zeg 'ik ben in de Sahara', dan stellen jullie je voor dat ik omringd ben door uitgestrekte zandduinen.

Aristoteles heeft zich als eerste over de betekenis van het begrip 'ruimte' of 'plek' gebogen en heeft er een nauwkeurige definitie van gegeven: de plek van een ding is dat wat er zich omheen bevindt.[15]

Niet alleen waar het tijd betreft, maar ook waar het ruimte betreft komt Newton met een nieuwe zienswijze. Hij noemt de door Aristoteles gedefinieerde ruimte 'relatief, schijnbaar en gewoon': een opsomming van wat zich rondom het ding bevindt. En hij noemt de ruimte op zich, die ook daar bestaat waar zich niets bevindt, 'absoluut, waar en mathematisch'.

Het verschil tussen Aristoteles en Newton kan ook hier niet groter zijn. Voor Newton kan zich tussen twee dingen ook 'lege ruimte' bevinden. In Aristoteles' ogen is 'lege ruimte' een absurditeit, want ruimte is uitsluitend de ordening van de dingen. Als er geen dingen zijn, met hun uitgebreidheid en hun onderling contact, dan is er geen ruimte. Newton stelt zich voor dat de dingen zich in een 'ruimte' bevinden die ook leeg doorgaat met bestaan als we de dingen eruit halen. Aristoteles beschouwt 'lege ruimte' als lariekoek, want als twee dingen elkaar niet raken, wil dat zeggen dat zich daartussen iets ánders bevindt, en als er iets anders is, dan is dat een ding, en dus is er wel iets: er kan niet 'niets' zijn.

Ik van mijn kant vind het merkwaardig dat deze visies op de ruimte beide voortkomen uit dat wat we dagelijks ervaren. Het verschil ertussen is het gevolg van de curieuze omstandigheid dat de lucht op de wereld waar we leven zo dun is dat we de aanwezigheid ervan nauwelijks opmerken. We kunnen zeggen: ik zie een tafel, een stoel, een pen, het plafond, en tussen mij en de tafel *bevindt zich niets*. Of we kunnen zeggen dat zich tussen die twee *lucht* bevindt. Over lucht hebben we het soms alsof het iets is, en soms alsof het niets is. Soms alsof die er is, en soms alsof die er niet is. We zeggen 'dit glas is leeg', maar we bedoelen dat het vol lucht zit. We zijn dus in staat de wereld om ons heen te beschouwen als 'zo goed als leeg' met alleen hier en daar een enkel voorwerp, of juist als 'helemaal vol', namelijk met lucht. In wezen beschouwen Aristoteles en Newton de wereld om ons heen niet metafysisch, maar op twee verschillende intuïtieve en naïeve manieren (waarbij ze al dan niet rekening houden met de lucht), en transformeren die manieren tot definities van ruimte.

Aristoteles, altijd het knapste jongetje van de klas, is op het pietluttige af precies: hij zegt niet dat het glas leeg is, maar dat het vol lucht zit. En constateert dat er in onze beleving nooit een plek is waar 'niets is, zelfs geen lucht'. Newton, die meer de nadruk legt op de doelmatigheid van het theoretische model waarmee de beweging van de dingen kan worden beschreven, gaat uit van voorwerpen, niet van lucht. Lucht lijkt al met al weinig effect te hebben op een steen die valt: we zouden ons ook kunnen voorstellen dat er geen lucht is.

Net als Newtons tijd zou ook diens 'ruimte als container' ons als vanzelfsprekend kunnen voorkomen, maar dat idee heeft pas recent ingang gevonden door de enorme invloed van Newtons gedachtegoed. Dat wat we vandaag de dag als intuïtie ervaren, is het resultaat van wetenschappelijke en filosofische inspanningen in het verleden.

Newtons opvatting van 'lege ruimte' lijkt bevestigd te worden door het experiment van Torricelli, waarmee wordt aangetoond dat je de lucht uit een lege glazen buis kunt halen. Maar later ontdekt men dat er in die buis desalniettemin veel fysische entiteiten achterblijven, zoals elektrische en magnetische velden, en dat het er krioelt van de kwantumdeeltjes. Het bestaan van een volledige 'absolute, ware en mathematische' leegte, zonder enige fysische entiteit behalve de amorfe ruimte zelf, blijft een briljant theoretisch idee dat een van de grondslagen vormt van Newtons natuurkunde, maar dat niet wordt gestaafd door experimenten. Het is een geniale hypothese, wellicht een geweldige intuïtie van de allergrootste wetenschapper, maar strookt die met de werkelijkheid? Bestaat Newtons ruimte echt? En als die bestaat, is die dan werkelijk een amorfe container? Kan er een plek bestaan waar er niets bestaat?

Die vraag is analoog aan de vraag over de tijd: bestaat de absolute, ware en mathematische tijd van Newton, die verstrijkt als er niets voorvalt? En als die bestaat, is die dan iets heel anders dan de dingen van de wereld? Er volkomen onafhankelijk van?

Om deze vragen te kunnen beantwoorden, moeten de ogenschijnlijk tegengestelde denkbeelden van onze twee giganten worden samengevoegd. De gigant die dat kunststukje klaarspeelde was Einstein.[16]

DE DANS VAN DE DRIE GIGANTEN

De tijd en de ruimte waarvan Newton bevroedde dat die in de wereld voorbij de tastbare materie moesten bestaan, bestaan inderdaad. Ze zijn reëel. Tijd en ruimte zijn reële dingen. Maar ze zijn zeker niet absoluut, staan zeker niet los van de gebeurtenissen en verschillen zeker niet van de andere substanties van de wereld, zoals Newton dacht. Newton heeft zijn geschiedenis van de wereld als het ware vastgelegd op een groot doek. Dat weefsel bestaat echter uit dezelfde substantie als die waarvan andere dingen van de wereld zijn gemaakt, van dezelfde substantie als waar steen, licht en lucht van zijn gemaakt.

Natuurkundigen noemden de substanties waaruit volgens onze huidige kennis het weefsel van de fysische werkelijkheid bestaat 'velden'. Soms hebben ze exotische namen: zo bestaan tafels en sterren uit zogenaamde Dirac-velden. Licht en ook de bron van de krachten die elektrische motoren laten draaien en de naald van het kompas noordwaarts richten bestaan uit elektromagnetische velden. En dan heb je ook nog het zwaartekrachtveld: dat is de bron van de zwaartekracht, maar tegelijkertijd ook het weefsel van Newtons ruimte en tijd, waarop de rest van de wereld staat afgebeeld. Klokken zijn mechanismen die daar de uitgebreidheid van meten. De meetlatten waarmee lengte wordt gemeten zijn porties materie die een ander aspect van de uitgebreidheid ervan meten.

De ruimtetijd is het zwaartekrachtveld – en vice versa. Het is iets wat op zichzelf bestaat, zoals Newton al vermoedde, ook zonder materie. Maar het is geen entiteit die anders is dan de rest van de dingen van de wereld, zoals Newton dacht; het is een veld als alle andere. De wereld is niet zozeer een afbeelding op een doek als wel een assemblage van doeken, van lagen, waar het zwaartekrachtveld er slechts één van is. Net als de andere velden is het niet absoluut, niet uniform en niet vast, maar kan het zich samen met de andere buigen, uitrekken, strekken en voortstuwen. Vergelijkingen beschrijven hoe alle velden invloed op elkaar uitoefenen, en de ruimtetijd is een van die velden.[17]

Een zwaartekrachtveld kan ook glad en vlak zijn als een plat oppervlak – het veld zoals Newton dat heeft beschreven. Als we dat meten, dan bevinden we ons op het gebied van de euclidische meetkunde die we vroeger op school moesten leren. Maar het veld kan ook golven vertonen: de zwaartekrachtgolven. Zo'n veld kan zich verdichten en het kan dunner worden. Herinnert u zich nog de klokken in hoofdstuk 1, die langzamer gaan lopen als ze in de buurt komen van massa's? Ze gaan langzamer lopen omdat daar, in een heel precieze zin van het woord, 'minder' zwaartekrachtveld is. Er is daar minder tijd.

Het zwaartekrachtveld is als een grote elastische lap stof die je in de lengte en in de breedte kunt oprekken. Het oprekken en het krommen zijn de bron van de zwaartekracht, van het vallen van de dingen, en beschrijven die beter dan de oude zwaartekrachttheorie van Newton.

Denk nog even terug aan de afbeelding in hoofdstuk 1 die illustreerde hoe de tijd in de bergen sneller verstrijkt dan aan de kust, maar stel je voor dat het papier waarop de afbeelding staat elastisch is. Trek er nu zo aan dat de langere tijd in de bergen daadwerkelijk langer wordt. Dan krijg je zoiets als de volgende afbeelding, die de ruimte en de tijd voorstelt. Nu komt de 'langere' tijd in de bergen daadwerkelijk overeen met een langere duur.

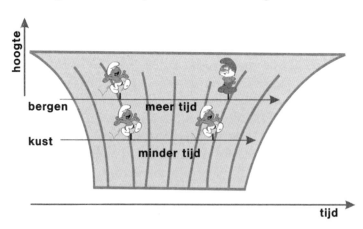

Deze afbeelding illustreert dat wat natuurkundigen 'gekromde' ruimtetijd noemen. Gekromd, omdat hij vertekend is: de afstanden zijn net zo uitgerekt en samengetrokken als op het elastische vel papier. Dat is ook de reden dat de lichtkegels in de afbeeldingen in het voorgaande hoofdstuk kantelen.

Tijd wordt dus onderdeel van een ingewikkelde meetkunde die verknoopt is met de meetkunde van de ruimte. Dat is de synthese die Einstein aandraagt van Aristoteles' opvatting van tijd enerzijds en die van Newton anderzijds. Het genie Einstein begrijpt dat Aristoteles en Newton beiden gelijk hebben. Newton heeft gelijk omdat hij heeft begrepen dat er ook iets anders bestaat dan louter de dingen die we zien bewegen en veranderen. De ware en mathematische tijd van Newton bestaat, is een reële entiteit: het zwaartekrachtveld, de elastische lap stof, de gekromde ruimtetijd op de afbeelding. Maar Newton heeft het bij het verkeerde eind waar hij aanneemt dat die tijd onafhankelijk is van de dingen, en regelmatig, onverstoorbaar, onafhankelijk van alles verstrijkt.

Aristoteles heeft gelijk als hij zegt dat 'wanneer' en 'waar' altijd uitsluitend een positie bepalen ten ópzichte van iets. Maar dat 'iets' kan ook alleen maar het veld zijn, de ruimtetijdentiteit van Einstein. Want dat is een dynamische en concrete entiteit, net als alle andere entiteiten ten opzichte waarvan we ons, zoals Aristoteles terecht opmerkte, kunnen bevinden.

Dit alles is volkomen coherent, en de vergelijkingen van Einstein die het vervormen van het zwaartekrachtveld en de uitwerking van het zwaartekrachtveld op klokken en meetinstrumenten beschrijven, zijn een eeuw lang herhaaldelijk geverifieerd. Maar onze tijdsopvatting is wéér een stukje kwijt: haar onafhankelijkheid van de rest van de wereld.

De dans van de drie giganten, Aristoteles, Newton en Einstein, heeft ons begrip van tijd en ruimte verdiept: er bestaat een structuur van de werkelijkheid, te weten het zwaartekrachtveld; die structuur neemt geen aparte plaats in de natuurkunde, is niet het podium waarop de wereld zich beweegt: ze is een dynamische component van de Grote Werelddans, gelijk aan alle andere; door te interageren met de andere componenten bepaalt ze het ritme van de dingen die we meetinstrumenten en klokken noemen, en het ritme van alle fysische verschijnselen.

Doch succes is altijd maar van korte duur. Einstein schrijft zijn vergelijkingen over het zwaartekrachtveld in 1915, en nog geen jaar later, in 1916, merkt hij zelf op dat het laatste woord over de aard van ruimte en tijd daarmee niet gezegd kan zijn: er bestaat namelijk zoiets als kwantummechanica. Het zwaartekrachtveld moet, net als alle fysische dingen, kwantumeigenschappen hebben.

5

Tijdskwanta

Ik bezit een kruik met meer dan negen jaar
oude wijn uit Alba, Phyllis, en in mijn tuin staat selderij
om kransen van te vlechten, en klimop in overvloed [...].
Weet voor welk festijn je bent uitgenodigd:
houd dertien april in ere [...],
een heilige feestdag die me bijna
dierbaarder is dan mijn eigen geboortedag.

Horatius, *Oden*, IV, 11

Het vreemde landschap van de relativistische natuurkunde dat ik tot nu toe heb beschreven wordt nog eigenaardiger als we kijken naar de kwanta en de kwantumeigenschappen van ruimte en tijd.

De discipline die ze bestudeert heet 'kwantumzwaartekracht', en is mijn onderzoeksgebied.[1] Er bestaat nog geen door experimenten onderbouwde theorie van de kwantumzwaartekracht die kan rekenen op de instemming van de wetenschappelijke gemeenschap. Ik houd me in mijn wetenschappelijke leven voornamelijk bezig met het leveren van bijdragen aan een mogelijke oplossing van het probleem: de luskwantumzwaartekracht, of lustheorie. Niet iedereen zet in op juist deze oplossing. Bevriende natuurkundigen die werken aan de snaartheorie bewandelen bijvoorbeeld andere wegen, en de strijd om vast te stellen wie het bij het rechte eind heeft is in volle gang. En dat is goed: wetenschap groeit ook dankzij felle discussies, en vroeger of later zal duidelijk worden wie er gelijk heeft – en wellicht duurt dat niet lang meer.

Waar het de aard van de tijd betreft, zijn de verschillen de afgelopen jaren echter geslonken, en veel conclusies zijn vrij algemeen aanvaard. Zo is duidelijk geworden dat zelfs dat wat er nog rest van 'de tijd' in de algemene relativiteitstheorie, zoals uiteengezet in het vorige hoofdstuk, verloren gaat als we de kwanta erin betrekken.

De universele tijd is uiteengespat in een myriade van eigentijden, maar als we de kwanta erin betrekken, moeten we het idee accepteren dat elk van die tijden op zijn beurt fluctueert, zweeft, als in een soort wolk, en uitsluitend bepaalde waarden kan hebben en beslist geen andere... Ze kunnen niet langer worden weergegeven als op de afbeeldingen van de ruimtetijd in de voorgaande hoofdstukken.

De kwantummechanica heeft geleid tot drie basisontdekkingen: korreligheid, indeterminisme en het relationele aspect van fysische variabelen. Elk van deze drie doet het weinige dat er van ons idee van tijd restte verder afbrokkelen. Laten we ze één voor één onder de loep nemen.

KORRELIGHEID

De door een klok gemeten tijd is 'gekwantiseerd', oftewel hij neemt alleen bepaalde waarden aan en geen andere. Het is alsof tijd korrelig is in plaats van continu.

Die korreligheid is het kenmerk van de kwantummechanica, en is datgene waaraan de theorie haar naam ontleent: de 'kwanta' zijn de elementaire korrels. Er bestaat een kleinste schaal voor alle verschijnselen.[2] Die voor het zwaartekrachtveld heet de 'Planckschaal'. De kleinste eenheid van tijd wordt 'Planck-tijd' genoemd. Daarvan is de waarde eenvoudig te schatten, namelijk door de constanten waardoor relativistische, gravitationele en kwantumverschijnselen worden gekenmerkt te combineren.[3] Samen bepalen die een hoeveelheid tijd van 10-44 seconden: een honderdmiljoenste van een miljardste van een miljardste van een miljardste van een miljardste van een seconde. Dat is de Planck-tijd: in die piepkleine eenheden van tijd manifesteren zich de kwantumeffecten op de tijd.

De Planck-tijd is kort, veel korter dan wat vandaag de dag door welk echt uurwerk dan ook gemeten kan worden. Hij is zo kort dat het niet verbazingwekkend is dat 'daar', op een zo piepkleine schaal, het begrip tijd niet meer geldt. En waarom zóu het er nog moeten gelden? Niets geldt altijd en overal. Vroeg of laat komen we altijd iets volstrekt nieuws tegen.

De 'kwantisering' van de tijd impliceert dat bijna alle waarden van de tijd t niet bestaan. Als we de duur van een interval zouden kunnen meten met het nauwkeurigste uurwerk dat we ons kunnen voorstellen, dan zou de uitkomst zijn dat de gemeten tijd slechts bepaalde speciale discrete waarden aanneemt. We kunnen 'duur' niet zien als continu, maar moeten die zien als discontinu: niet als iets wat eenvormig kan stromen, maar als iets wat in zekere zin als een kangoeroe van de ene waarde naar de andere springt.

Met andere woorden, er bestaat een *kleinste* tijdsinterval. Daar voorbij bestaat het begrip tijd niet, zelfs niet in zijn meest uitgeklede betekenis.

De enorme hoeveelheden inkt die in de loop der eeuwen, van Aristoteles tot Heidegger, zijn opgegaan aan verhandelingen over de aard van het 'continue', zijn wellicht louter verspilling geweest. Continuïteit is niet meer dan een wiskundige techniek voor het benaderen van dingen met een zeer fijne korrelstructuur. Als je heel gedetailleerd kijkt, is de wereld discreet en niet continu. De Goede God heeft de wereld niet in continue lijnen neergezet: Hij heeft haar slechts gepointilleerd, à la Seurat.

Korreligheid is overal in de natuur aanwezig: licht bestaat uit fotonen, lichtdeeltjes. De energie van de elektronen in atomen kan alleen bepáálde waarden aannemen en geen andere. Zowel de meest ijle lucht als de meest compacte materie is korrelig: ze bestaan uit moleculen. Als je eenmaal begrijpt dat de ruimte en tijd van Newton fysische entiteiten zijn als alle andere, ligt het voor de hand te verwachten dat ze korrelig zijn. De theorie bevestigt dat: de luskwantumzwaartekracht voorspelt dat elementaire tijdssprongen klein zijn, maar eindig.

Het idee dat tijd korrelig kan zijn, dat er kleinste tijdsintervallen bestaan, is niet nieuw. Het werd in de zevende eeuw van onze jaartelling al opgeworpen door Isidorus van Sevilla in zijn *Etymologiae*, en in de eeuw daarna door Beda Venerabilis in een werk met de veelzeggende titel *De Divisionibus Temporum*, oftewel 'Over de verdelingen der tijden'. In de twaalfde eeuw schrijft de grote filosoof Maimonides: 'De tijd bestaat uit atomen, dat wil zeggen uit veel delen die niet verder onderverdeeld kunnen worden, vanwege hun korte duur.'[4] Waarschijnlijk is het idee nog ouder: door het verloren gaan van de oorspronkelijke teksten van Democritus weten we niet of het al aanwezig was in het klassieke Griekse atomisme.[5] Abstracte denkbeelden kunnen eeuwen vooruitlopen op hypothesen die later in wetenschappelijk onderzoek een toepassing of een bevestiging vinden.

Het ruimtezusje van de Planck-tijd is de Planck-lengte. De minimumgrens waaronder het begrip lengte zijn betekenis verliest. De Planck-lengte bedraagt circa 10^{-33} centimeter: een miljoenste van een miljardste van een miljardste van een miljardste millimeter. Als jongeman, op de universiteit, werd ik verliefd op de vraag wat er gebeurt op deze piepkleine schalen; ik kleurde een groot vel

papier helemaal blauw en schreef in het midden, in rood, de Plancklengte.

Ik hing het vel op in mijn slaapkamer in Bologna en besloot dat dat mijn doel zou zijn: proberen te snappen wat er daar gebeurt, op die piepkleine schalen waar ruimte en tijd ophouden te zijn wat ze zijn. Door te dringen tot de elementaire kwanta van ruimte en tijd. Vervolgens heb ik de rest van mijn leven niets anders gedaan dan dat.

INDETERMINISME: KWANTUMSUPERPOSITIES VAN TIJDEN

De tweede ontdekking van de kwantummechanica is indeterminisme. Om een voorbeeld te noemen: het is niet mogelijk exact te voorzien waar morgen een elektron zal verschijnen. Tussen de ene verschijning en de volgende heeft het elektron geen precieze positie;[6] het bevindt zich als het ware in een wolk van waarschijnlijkheden. In het natuurkundige jargon wordt dan gezegd dat het zich in een 'superpositie' bevindt.

De ruimtetijd is een fysisch object, net als een elektron. Ook de ruimtetijd fluctueert. Ook die kan zich in een 'superpositie' van verschillende configuraties bevinden. Als we uitgaan van de kwantummechanica, moeten we ons de afbeelding van de opgerekte tijd uit hoofdstuk 4 dus voorstellen als een superpositie van verschillende ruimtetijden, met onscherpte als gevolg:

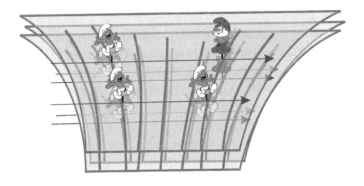

Op dezelfde manier fluctueert de structuur van lichtkegels, die op elk punt onderscheid maakt tussen verleden, heden en toekomst, zoals hier:

Ook het onderscheid tussen heden, verleden en toekomst wordt dus fluctuerend, onbepaald. Zoals een deeltje zich 'overal' in de ruimte kan bevinden, zo kan ook het verschil tussen verleden en toekomst fluctueren: een gebeurtenis kan tegelijk met, voor en na een andere plaatsvinden.

RELATIONALITEIT

'Fluctuatie' betekent niet dat een gebeurtenis *nooit* bepaald is; het betekent dat die alleen bepaald is op een aantal momenten, en op onvoorspelbare wijze. De onbepaaldheid wordt opgelost wanneer een grootheid interacties aangaat met iets anders.[7] Door de interactie wordt een elektron op een precies punt tot materie. Het raakt bijvoorbeeld een scherm, of wordt gevangen door een deeltjesdetector, of botst op een foton: het neemt een concrete positie in.

Maar er zit iets merkwaardigs aan dit concreet worden van een elektron: het elektron is alleen maar concreet *ten opzichte* van de fysieke objecten waarmee het interageert. Ten opzichte van alle andere objecten zorgt de interactie uitsluitend voor een verdere verspreiding van het indeterminisme. Concreetheid bestaat alleen in relatie tot een fysisch systeem; dat is volgens mij de baanbrekende ontdekking van de kwantummechanica.[8]

Wanneer een elektron een object raakt, bijvoorbeeld het scherm van een oude buizentelevisie, dan 'bezwijkt' de wolk van waarschijnlijkheden waarin het elektron zich naar ons idee bevond: het wordt concreet op één punt van het scherm en produceert het lichtpuntje dat bijdraagt aan de vorming van het televisiebeeld. Maar dat gebeurt alleen ten opzichte van het scherm. Ten opzichte van een ander object brengt het elektron uitsluitend zijn indeterminisme over op het scherm, zodat elektron en scherm zich nu samen in een superpositie van configuraties bevinden; en het is pas op het moment van interactie met een volgend object dat hún gemeenschappelijke wolk van waarschijnlijkheden 'bezwijkt' en concreet wordt in een bepaalde configuratie, en zo verder.

Het is lastig vertrouwd te raken met het idee dat een elektron zich op zo'n bizarre manier gedraagt. En het idee dat ook ruimte en tijd zich zo gedragen is nog moeilijker te bevatten. En toch is dit, zonder enige twijfel, de kwantumwereld: de wereld waarin we leven.

Het fysische substraat dat duur en tijdsintervallen bepaalt – het zwaartekrachtveld – heeft niet alleen een door massa's beïnvloede dynamica; het is ook een kwantumentiteit die alleen maar bepaalde waarden heeft als ze een interactie met iets aangaat. En als dat gebeurt, is de duur alleen dáárvoor korrelig en bepaald, terwijl die voor de rest van het universum onbepaald blijft.

De tijd is opgelost in een netwerk van relaties dat niet eens meer een samenhangend geheel vormt. De weergaven in dit boek van gesuperponeerde, fluctuerende ruimtetijden die af en toe concreet worden ten opzichte van bepaalde objecten, leveren een onscherp beeld op, maar het is het beste beeld dat we hebben van de korreligheid van de wereld. We staan oog in oog met de wereld van de kwantumzwaartekracht.

Om de duik in het diepe die het eerste deel van dit boek is geweest samen te vatten: er is niet één tijd, er is een verschillende duur voor elk traject; de tijd verstrijkt in verschillende ritmes, naar gelang de plek en de snelheid. Hij is niet georiënteerd: het verschil tussen verleden en toekomst komt niet voor in de fundamentele vergelijkingen van de wereld, het is een contingent aspect dat opduikt wanneer we naar de dingen kijken en daarbij de details veronachtzamen; in onze onscherpe blik bevond het verleden van het universum zich vreemd genoeg in een 'specifieke' toestand. Het begrip 'heden' werkt niet: in het enorme universum is er niets wat we redelijkerwijs 'heden' zouden kunnen noemen. Het substraat dat de duur van de tijd bepaalt is geen onafhankelijke entiteit die anders is dan de andere entiteiten waaruit de wereld bestaat; het is een aspect van een dynamisch veld, dat springt, fluctueert, alleen concreet wordt als het een interactie aangaat en voorbij een kleinste schaal ongedefinieerd is… Wat blijft er over van de tijd?

> You got to deep-six your wristwatch, you got to try and understand,
> The time it seems to capture is just the movement of its hands…[9]

We betreden de tijdloze wereld.

DEEL II
DE TIJDLOZE WERELD

6
De wereld bestaat uit gebeurtenissen, niet uit dingen

O heren, het leven is van korte duur! [...]
Wie leeft, leeft om met koningen te strijden.

Shakespeare, *Hendrik IV*, v, 2

Toen Robespierre Frankrijk bevrijdde van de monarchie vreesde het Europa van het ancien régime dat het einde van de beschaving nabij was. Als de jeugd zich wil ontdoen van de bestaande orde dan is de oude garde bang dat alles ten onder gaat. Maar Europa kon prima leven zonder de koning van Frankrijk, en de wereld kan prima leven zonder Koning Tijd.

Toch is er één aspect van de tijd dat de door de natuurkunde in de negentiende en twintigste eeuw ingezette ontmanteling ervan heeft overleefd. Ontdaan van de laagjes waarmee het door de theorie van Newton bedekt was geraakt en waaraan we zo gewend waren, schittert dat aspect eens te meer: de wereld is verandering.

De tijd mag dan stukjes zijn kwijtgeraakt (uniciteit, richting, onafhankelijkheid, heden, continuïteit...), het feit dat de wereld een web is van *gebeurtenissen* blijft overeind. Enerzijds heb je de tijd met zijn vele bepalingen, anderzijds het simpele feit dat de dingen niet 'zijn': ze gebeuren.

Dat de grootheid 'tijd' afwezig is in de fundamentele vergelijkingen impliceert niet dat de wereld bevroren en onbeweeglijk is, maar juist dat in de wereld verandering alomtegenwoordig is zonder dat die geordend wordt door Vadertje Tijd, zonder dat de ontelbare gebeurtenissen noodzakelijkerwijze netjes gerangschikt zijn langs de enkele tijdlijn van Newton of volgens de elegante meetkundes van Einstein. De gebeurtenissen van de wereld zijn niet zoals de Britten: ze gaan niet keurig in de rij staan. Ze vormen een kluitje, zoals Italianen doen.

Maar het zijn evengoed gebeurtenissen, verandering, beweging. De beweging is diffuus, verspreid, ongeordend, maar het is en blijft beweging, geen stilstand. Klokken die niet allemaal even snel lopen, wijzen niet een en dezelfde tijd aan. De posities van hun wijzers veranderen ten opzichte van elkaar. De fundamentele vergelijkingen bevatten geen variabele 'tijd', maar wel variabelen die ten opzichte van elkaar veranderen. Tijd, suggereerde Aristoteles, is de maat van de verandering: er kunnen verschillende variabelen worden gekozen om verandering mee te meten, en geen daarvan bezit álle kenmerken van de tijd zoals wij die ervaren; hetgeen niet wegneemt dat de wereld voortdurend aan verandering onderhevig is.

De ontwikkeling van de wetenschap leert ons dat de beste grammatica om de wereld mee te beschrijven die van de verandering is, niet die van de bestendigheid. Van het gebeuren, niet van het zijn.

Je kunt de wereld zien als bestaand uit *dingen*. Uit *substantie*. Uit *entiteiten*. Uit iets wat *is*. Uit iets wat bestendig is. Of je kunt de wereld zien als bestaand uit *gebeurtenissen*. Uit *voorvallen*. Uit *processen*. Uit iets wat *gebeurt*. Iets wat niet duurt, wat voortdurend verandert. Iets wat niet bestendig is. De eliminatie van het begrip tijd door de fundamentele natuurkunde betekent de teloorgang van de eerste van bovenstaande zienswijzen, en niet van de tweede. De alomtegenwoordigheid van de onbestendigheid krijgt hiermee gestalte, niet de staticiteit van een onbeweeglijke tijd.

Door de wereld te zien als een samenstel van gebeurtenissen, van processen, zijn we beter in staat er greep op te krijgen, die te begrijpen en te beschrijven. Alleen díe zienswijze is compatibel met de relativiteitstheorie. De wereld is geen samenstel van dingen, het is een samenspel van gebeurtenissen.

Het verschil tussen dingen en gebeurtenissen is dat *dingen* bestendig zijn in de tijd, en dat *gebeurtenissen* een beperkte duur hebben. Het prototype van een 'ding' is een steen: we kunnen ons afvragen waar die morgen zal zijn. Een zoen daarentegen is een 'gebeurtenis'. Het is onzin ons af te vragen waar die morgen zijn zal. Welnu: de wereld bestaat uit een netwerk van zoenen, niet van stenen.

De eenheden waaruit de wereld is opgebouwd bevinden zich niet op een bepaald punt in de ruimte. Die bevinden zich – als ze er zijn – in een *waar*, maar ook in een *wanneer*. Ze zijn qua ruimte én qua tijd beperkt: het zijn gebeurtenissen.

Welbeschouwd zijn zelfs de 'dingen' die het meest op 'dingen' lijken in wezen niets anders dan langdurende gebeurtenissen. De meest compacte steen is, zoals de scheikunde, de natuurkunde, de mineralogie, de geologie en de psychologie ons hebben geleerd, in werkelijkheid een complex trillen van kwantumvelden, een momentane interactie van krachten, een proces dat korte tijd gelijk aan zichzelf in evenwicht weet te blijven voordat het opnieuw tot stof uiteenvalt, een kortstondig hoofdstuk in de geschiedenis van interacties tussen de elementen van onze planeet, een spoor van de neolithische mens, een wapen voor relschoppers, een voorbeeld in een boek over de tijd, een metafoor voor een ontologie, een stukje van een deel van de wereld dat meer samenhangt met de manier waarop ons lichaam waarneemt dan met het object van die waarneming, en ga zo maar door, een knoop in dat caleidoscopische spel dat de realiteit is. De wereld bestaat niet meer uit stenen dan dat ze uit vluchtige klanken bestaat en uit golven die over de zee jagen.

Anderzijds, als de wereld uit dingen bestond, wat voor dingen zouden dat dan moeten zijn? Atomen, waarvan we hebben ontdekt dat die op hun beurt weer uit nog kleinere deeltjes bestaan?

Elementaire deeltjes, waarvan we hebben ontdekt dat ze niets anders zijn dan kortstondige excitaties van een veld? Kwantumvelden, waarvan we hebben ontdekt dat ze nauwelijks méér zijn dan codes van een taal waarmee over interacties en gebeurtenissen gesproken kan worden? Het is niet meer mogelijk ons de fysische wereld voor te stellen als iets wat bestaat uit dingen, uit entiteiten. Dat lukt gewoon niet.

Maar wat wel lukt, is ons de wereld voorstellen als een netwerk van gebeurtenissen. Eenvoudige gebeurtenissen, en complexe gebeurtenissen die op hun beurt weer op te delen zijn in combinaties van eenvoudiger gebeurtenissen. Een paar voorbeelden: een oorlog is geen ding, het is een samenstel van gebeurtenissen. Een onweer is geen ding, het is een samenstel van voorvallen. Een wolk die boven een berg hangt is geen ding: het is het gaandeweg condenseren van het vocht in de lucht als de wind zich een weg over de berg baant. Een golf is geen ding, het is bewegend water, en het water dat die golf vormt is altijd weer anders. Een gezin is geen ding, het is een samenstel van relaties, gebeurtenissen, gevoelens. En de mens? Die is zeker geen ding, maar een complex proces waar, net als bij die wolk boven de berg, lucht in- en uitgaat, evenals voedsel, informatie, licht, woorden, enzovoort. Een samenstel van knopen in een netwerk van sociale betrekkingen, van chemische processen, van tussen soortgenoten uitgewisselde emoties.

Lange tijd hebben we getracht de wereld te begrijpen door te veronderstellen dat er een of andere primaire *substantie* moest zijn. En wellicht meer dan alle andere disciplines was de natuurkunde dat idee toegedaan. Maar hoe langer we die primaire substantie bestudeerden, hoe minder de wereld te vatten leek in termen van iets wat ís. Ze lijkt veel beter te begrijpen als je uitgaat van relaties tussen voorvallen.

De woorden van Anaximander die ik citeerde in hoofdstuk 1 nodigden ons uit om 'volgens de tijdsvolgorde' over de wereld na te denken. Als we niet a priori al denken te weten wát die tijdsvolgorde is, als we, met andere woorden, even niet uitgaan van de lineaire en universele ordening waaraan we gewend zijn, dan snijdt die aansporing van Anaximander zeker hout: we begrijpen de wereld door *verandering* te bestuderen, en geen *dingen*.

Wie die goede raad naast zich heeft neergelegd, heeft dat geweten. De twee grote denkers die deze vergissing hebben begaan zijn Plato en Kepler, eigenaardig genoeg beiden verleid door dezelfde wiskunde.

In zijn *Timaeus* komt Plato op het uitmuntende idee te proberen de fysische intuïties van atomisten als Democritus te vertalen naar de wiskunde. Maar hij pakt het verkeerd aan: hij probeert de *vorm* van de atomen in wiskundige termen te vatten, niet hun *beweging*. Hij wordt gegrepen door de stelling volgens welke er vijf, en *niet meer dan* vijf, regelmatige veelvlakken zijn (zie hieronder) en oppert de gewaagde hypothese dat de atomen van wat

men in de Oudheid voor de vijf elementaire substanties hield (aarde, water, lucht, vuur en de kwintessens) díe vormen hebben. Prachtidee, maar helemaal fout. Hij maakt de vergissing dat hij probeert de wereld in termen van dingen te begrijpen in plaats van in termen van gebeurtenissen: hij laat de verandering buiten beschouwing. In de natuurkunde en de astronomie die wél zullen werken, van Ptolemaeus tot Galilei, van Newton tot Schrödinger, wordt de wiskunde gebruikt om te beschrijven hoe dingen *veranderen*, niet hoe ze *zijn*. Worden gebeurtenissen beschreven, niet dingen. Pas met de oplossingen van de Schrödinger-vergelijking, die beschrijft hoe elektronen *bewegen* in atomen, zullen de *vormen* van atomen uiteindelijk worden begrepen.

Eeuwen later maakt de jonge Kepler dezelfde fout. Hij vraagt zich af wat de omvang van de planeetbanen bepaalt en laat zich in de luren leggen door dezelfde stelling waardoor Plato zich had laten betoveren (het moet gezegd: het is dan ook een schitterende stelling). Hij oppert de hypothese dat die omvang wordt bepaald door regelmatige veelvlakken: als we die alle vijf in elkaar schuiven met telkens een bol ertussen, zegt hij, dan zullen de stralen van die bollen proportioneel dezelfde zijn als de stralen van de toen bekende planeetbanen.

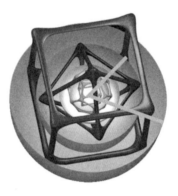

Prachtidee, maar volkomen mallotig. Wederom is er geen rekening gehouden met de dynamica. Als Kepler zich in een later stadium gaat bezighouden met de vraag hoe planeten *bewegen*, zullen de hemelpoorten zich voor hem openen.

Wij beschrijven de wereld dus zoals ze voorvalt, niet zoals ze is. De mechanica van Newton, de Maxwell-vergelijkingen, de kwantummechanica, enzovoorts, vertellen ons hoe *gebeurtenissen* voorvallen, niet hoe *dingen* zijn. We begrijpen biologie door te bestuderen hoe levende wezens *evolueren* en *leven*. We begrijpen (een beetje van) psychologie door te bestuderen hoe wij mensen interacties met elkaar aangaan, hoe we denken... We begrijpen de wereld die *wordt*, niet die *is*.

'Dingen' zijn slechts gebeurtenissen die enige tijd monotoon zijn[1] voordat ze tot stof wederkeren. Want vroeg of laat zal alles tot stof wederkeren, dat moge duidelijk zijn.

Afwezigheid van tijd betekent dus niet dat alles verstard en onbeweeglijk is. Het betekent dat het onophoudelijke gebeuren waaraan de wereld ten prooi is, niet is geordend volgens een tijdlijn, en niet wordt gemeten door een gigantisch uurwerk. En ook geen vierdimensionale meetkunde oplevert. Het is een onmetelijk, wanordelijk netwerk van kwantumgebeurtenissen. De wereld lijkt nu eenmaal meer op Napels dan op Manhattan.

Als we met 'tijd' niets anders bedoelen dan het *gebeuren*, dan is alles tijd: alleen dat wat in de tijd bestaat, is.

7

De ontoereikendheid van de grammatica

> De sneeuw is verdwenen, het groen
> keert terug in het gras op de velden
> en in de kruinen van de bomen; [...]
> Hoopt niet op oneindige zaken, maant het jaar en het uur
> dat ons berooft van een milde dag.
> De vorst wordt afgezwakt door zoele westenwinden [...].
> Horatius, *Oden*, IV, 7

Gewoonlijk noemen we dingen 'reëel' die *nu* bestaan. In het heden. Niet dat wat een tijd geleden heeft bestaan of zal bestaan in de toekomst. We zeggen dat de dingen in het verleden of in de toekomst reëel 'waren' of reëel 'zullen zijn', maar niet dat ze reëel 'zijn'.

Filosofen bedoelen met 'presentisme' het idee dat alleen het heden reëel is, dat verleden en toekomst dat niet zijn en dat de *realiteit* evolueert van een heden naar een daaropvolgend heden.

Deze manier van denken werkt uitsluitend als het 'heden' globaal wordt gedefinieerd en niet slechts vlak bij ons, en slechts bij benadering. Maar als het heden dat ver van ons af ligt niet is gedefinieerd, wat 'is' er dan 'reëel' in het universum? Wat bestaat er nú in het universum?

Op afbeeldingen als deze, die we in de vorige hoofdstukken hebben gezien, wordt *een hele evolutie* van de ruimtetijd weergegeven in een enkele afbeelding; ze geven niet één tijd weer, maar alle tijden samen. Ze zijn als een fotosequentie van een man die

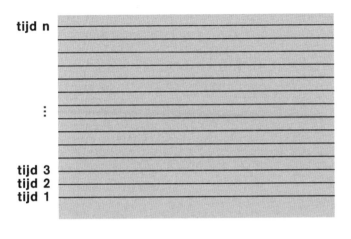

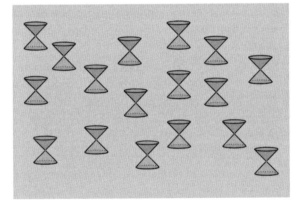

rent, of als een heel boek dat een verhaal bevat dat zich in de loop der jaren ontrolt. Het zijn schematische weergaven van een mogelijke *geschiedenis* van de wereld, niet van een van haar afzonderlijke momentane toestanden.

De eerste afbeelding illustreert hoe we ons de tijdstructuur van de wereld voorstelden vóór Einstein. Het geheel van de reële gebeurtenissen *nu*, op een gegeven tijd, is in de volgende afbeelding aangegeven in rood:

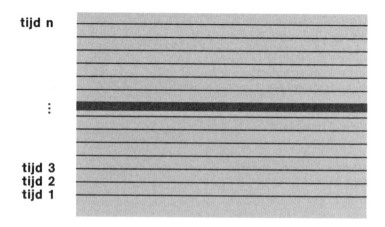

Maar de tweede afbeelding geeft de tijdstructuur van de wereld beter weer, en daarop staat niets wat lijkt op een heden. Er is geen heden. Wat is er dan *nu* reëel?

De twintigste-eeuwse natuurkunde toont mijns inziens onweerlegbaar aan dat het presentisme onze reële wereld niet adequaat beschrijft: er bestaat geen objectief globaal heden. We kunnen hoogstens spreken van een heden dat relatief is voor een waarnemer in beweging, maar dan is dat wat reëel is voor mij anders dan wat reëel is voor jou, terwijl we de uitdrukking 'reëel' – voor zover mogelijk – nu juist op een objectieve manier zouden willen gebruiken. De wereld moet dus niet gezien worden als een opeenvolging van hedens.[1]

Welke alternatieven hebben we?

Het idee dat stroming en verandering een illusie zijn wordt door filosofen 'eternalisme' genoemd: heden, verleden en toekomst zijn allemaal even reëel en even bestaand. Het eternalisme is het idee dat de gehele ruimtetijd, als weergegeven in de voorgaande afbeeldingen, één groot integraal geheel is waarin niets verandert, niets werkelijk stroomt.[2]

Zij die deze zienswijze van de werkelijkheid, het eternalisme, verdedigen, citeren vaak Einstein, die in een beroemde brief schrijft:

> Voor ons gelovige natuurkundigen is het onderscheid tussen verleden, heden en toekomst niets meer dan een illusie, zij het een hardnekkige.[3]

Dit denkbeeld wordt ook wel het blokuniversum genoemd, vaker aangeduid met het Engelse *block universe*: het idee dat de hele geschiedenis van het universum gezien dient te worden als één enkel 'blok' waarin alles even reëel is, en dat de overgang van een moment in de tijd naar het volgende moment slechts iets illusoirs is.

Is dit – het eternalisme, het blokuniversum – de enige manier die ons rest om de wereld te zien? Moeten we ons de wereld, met verleden, heden en toekomst, voorstellen als één enkel heden, dat in zijn geheel op dezelfde manier bestaat? Verandert niets en is alles bewegingloos? Is verandering slechts een illusie?

Nee. Dat denk ik beslist niet.

Het feit dat we het universum niet kunnen ordenen tot één enkele geordende opeenvolging van tijden betekent niet dat er niets verandert. Het betekent dat de veranderingen niet langs één enkele lijn zijn geordend: de tijdstructuur van de wereld is complexer dan een simpele lineaire opeenvolging van momenten. Maar dat wil niet zeggen dat die niet bestaat of illusoir is.[4]

Het onderscheid tussen verleden, heden en toekomst is geen illusie. Het is de tijdstructuur van de wereld. Maar de tijdstructuur van de wereld is niet die van het presentisme. Tijdsrelaties tussen gebeurtenissen zijn complexer dan we aanvankelijk dachten, maar dat wil niet zeggen dat ze er niet zijn. Met verwantschapsrelaties wordt geen globale orde vastgesteld, maar daarom zijn ze nog niet illusoir. Het feit dat we niet allemaal in ganzenpas lopen, wil nog niet zeggen dat er geen enkele relatie tussen ons bestaat.

De verandering, het voorvallen, is geen illusie. Wat we hebben ontdekt, is dat het niet gebeurt volgens een globale orde.[5]

Laat ons dus terugkeren naar onze beginvraag: wat 'is reëel'? Wat 'bestaat'?

Het antwoord luidt dat dit een slecht geformuleerde vraag is die alles en niets betekent, omdat het bijvoeglijk naamwoord 'reëel' ambigu is en duizenden betekenissen heeft. Het werkwoord 'bestaan' heeft er nog meer. De vraag: 'Bestaat er een pop waarvan de neus langer wordt als hij liegt?' kun je beantwoorden met: 'Jazeker bestaat die! Dat is Pinokkio!', of met: 'Nee, die bestaat niet, die is verzonnen door Carlo Collodi.' De antwoorden zijn beide correct, omdat ze het woord 'bestaan' gebruiken in verschillende betekenissen.

We kunnen van een heleboel dingen zeggen dat ze bestaan: een wet, een steen, een natie, een oorlog, een personage in een toneelstuk, een god van een religie die we niet aanhangen, een god van een religie die we wel aanhangen, een grote liefde, een getal... elke van deze entiteiten 'bestaat' en 'is reëel' op een andere manier dan de andere. We kunnen ons afvragen in welke zin iets al dan niet bestaat (Pinokkio bestaat als literair personage, niet in het Italiaanse bevolkingsregister), dan wel of een ding in een bepaalde zin bestaat (bestaat de regel die rokeren verbiedt als je al een zet met je toren hebt gedaan?). Ons afvragen 'wat bestaat' of 'wat reëel is' betekent in het algemeen alleen maar dat we ons afvragen hoe we een werkwoord of een bijvoeglijk naamwoord wensen te gebruiken.[6] Het is een grammaticale vraag, geen vraag over de natuur.

De natuur op haar beurt is wat ze is, en wij ontdekken haar beetje bij beetje. Als onze grammatica en onze intuïtie zich niet uit zichzelf aanpassen aan hetgeen we ontdekken, dan probéren we ze gewoon aan te passen.

In de grammatica van veel moderne talen worden werkwoorden vervoegd in 'heden', 'verleden' en 'toekomst'. Dat voldoet niet om over de werkelijke tijdstructuur van de wereld te praten, want die is complexer. De grammatica heeft vorm gekregen door onze beperkte ervaring, voordat we doorkregen dat ze te onnauwkeurig was om de rijke structuur van de wereld te reflecteren.

Het feit dat onze grammatica is georganiseerd rond het absolute onderscheid 'verleden-heden-toekomst', een onderscheid dat slechts gedeeltelijk, te weten hier dicht bij ons, bruikbaar is, is er de oorzaak van dat we in verwarring raken wanneer we trachten vat te krijgen op de ontdekking dat er geen objectief universeel heden bestaat. De structuur van de werkelijkheid strookt niet met de structuur die deze grammatica vooronderstelt. We zeggen dat een gebeurtenis 'is' of 'is geweest' of 'zal zijn'. We hebben geen bruikbare grammatica om te zeggen dat een gebeurtenis 'is geweest' ten opzichte van mij, maar 'is' ten opzichte van jou.

We hoeven ons echter niet in verwarring te laten brengen door een ontoereikende grammatica. Er is een tekst uit de Oudheid waarin over de bolvorm van de aarde wordt gezegd:

> Voor degenen die beneden zijn, zijn de dingen boven beneden, terwijl de dingen beneden boven zijn... en zo is het rondom de gehele aarde.[7]

Bij een eerste lezing staat die zin bol van de onzinnigheden. Hoe kun je nu zeggen dat 'de dingen boven beneden zijn, terwijl de dingen beneden boven zijn'? Dat betekent niets. Het is als het grimmige 'het lelijke is mooi en het mooie is lelijk' uit *Macbeth*. Maar als je de zin herleest en denkt aan de vorm en de natuurkunde van de aarde, dan wordt hij duidelijk: de auteur zegt dat voor iemand die leeft op de Antipodeneilanden de richting 'naar boven' dezelfde richting is als die welke voor ons in Europa 'naar beneden' is. Hij zegt dus dat de richting 'boven' per plek op de aarde verandert. Hij bedoelt dat wat *ten opzichte van Sydney* boven is, *ten opzichte van ons* beneden is.

Wat we zien is de worsteling van een auteur van ruim tweeduizend jaar geleden die zijn taalgebruik en intuïtie tracht aan te passen aan een nieuwe ontdekking: het feit dat de aarde een bol is, en dat 'boven' en 'beneden' een betekenis hebben die tussen hier en daar *verandert*; ze hebben niet, zoals daarvoor de logische gedachte was, één enkele, universele betekenis.

Wij bevinden ons nu in een vergelijkbare situatie: ook voor ons is het een worsteling om ons taalgebruik en onze intuïtie aan te passen aan een nieuwe ontdekking, te weten het feit dat 'verleden' en 'toekomst' geen universele betekenis hebben, maar een betekenis die verandert tussen hier en daar. Meer niet.

Er bestaat verandering in de wereld, er bestaat een tijdstructuur van relaties tussen gebeurtenissen die verre van illusoir is. Het is geen geordend globaal gebeuren. Het is een lokaal en complex gebeuren, dat zich niet laat beschrijven in de termen van één enkele globale orde.

En de eerder geciteerde zin van Einstein? Lijkt die er niet op te duiden dat hij het tegenovergestelde dacht? Stel dat dat het geval is, dan nog hoeven we Einstein, omdat die ergens iets heeft opgeschreven, toch niet als orakel te beschouwen? Hij is over kernvraagstukken heel vaak van gedachten veranderd, en er zijn veel uitspraken van hem te vinden die fout zijn of die elkaar tegenspreken.[8] Maar in dit geval is het wellicht veel eenvoudiger. Of diepzinniger.

Einstein schrijft de zin bij de dood van Michele Besso. Michele was zijn dierbaarste vriend en klankbord sinds hun jaren aan de universiteit van Zürich. De brief waarin deze zin staat is niet gericht aan natuurkundigen of filosofen, maar aan de familie en in het bijzonder aan de zuster van Michele. De eraan voorafgaande zin luidt:

> Nu is hij me ook bij het verlaten van deze bijzondere wereld net voorgegaan. Dat betekent niets.

Het is geen brief die is geschreven om te oreren over de structuur van de wereld; het is een brief die is geschreven om een bedroefde zuster te troosten. Een lieve brief, die zinspeelt op de geestverwantschap tussen Michele en Albert. Een brief waarin Einstein zijn eigen verdriet om het verlies van zijn oude vriend onder ogen ziet, en waarin hij duidelijk ook vooruitblikt op zijn eigen naderende dood. Een brief vol diepe emoties, waarin het illusoir-zijn en de irrelevantie waarop wordt gezinspeeld niet verwijzen naar de tijd van natuurkundigen, maar naar die van het leven zelf. Breekbaar, kort, vol illusies. Het is een zin die gaat over dingen die dieper reiken dan de fysische aard van de tijd.

Einstein sterft op 18 april 1955, een maand en drie dagen na zijn vriend.

8
Dynamica als relaties

In de urn wordt ons lot geschud
dat ons vroeg of laat zal doen plaatsnemen
in de boot naar het eeuwig ballingsoord.
Horatius, *Oden*, II, 3

Maar hoe ziet een fundamentele beschrijving eruit van de wereld waarin alles gebeurt maar waarin geen tijdsvariabele bestaat? Een wereld waarin een gemeenschappelijke tijd niet bestaat en waarin verandering zich niet in één specifieke richting voltrekt?

Heel eenvoudig: precies zoals we dat heel lang dachten, totdat Newton ons er allemaal van overtuigde dat een tijdsvariabele onontbeerlijk is.

Om de wereld te beschrijven heb je echter helemaal geen tijdsvariabele nodig. Je hebt er andere variabelen voor nodig: grootheden die we kunnen observeren, waarnemen, eventueel meten. De lengte van een weg, de hoogte van een boom, de temperatuur van een voorhoofd, het gewicht van een brood, de kleur van de lucht, het aantal sterren aan het hemelgewelf, de buigzaamheid van bamboe, de snelheid van een trein, de druk van een hand op een schouder, het verdriet om een verlies, de stand van een wijzer, de hoogte van de zon boven de horizon… Dat zijn de termen waarin we de wereld beschrijven. Grootheden en eigenschappen die we continu zien *veranderen*. In die veranderingen zitten regelmatigheden: een steen valt sneller dan een veertje. De maan en de zon jagen elkaar in de hemel achterna en passeren elkaar eens per maand... Onder die grootheden zitten er een paar die we op regelmatige basis ten opzichte van elkaar zien veranderen: dagen, de maanfasen, de hoogte van de zon boven de horizon, de stand van de wijzers van een klok. Het is makkelijk om *die* als referentie te gebruiken: we zien elkaar drie dagen na de volgende maan, als de zon hoog aan de hemel staat. We zien elkaar morgen als de klok 16.35 uur aanwijst. Als we over voldoende variabelen beschikken die onderling tot op zekere hoogte gesynchroniseerd zijn, kunnen we die gebruiken als we het willen hebben over *wanneer*.

Voor dit alles hebben we geen specifieke variabele 'tijd' nodig. Willen we wetenschap bedrijven, dan hebben we een theorie nodig die ons vertelt hoe variabelen ten opzichte van elkaar veranderen. Oftewel: hoe verandert een variabele als er andere veranderen. Zo moet de fundamentele theorie van de wereld eruitzien; die kan het stellen zonder een tijdsvariabele en hoeft ons alleen maar te vertellen hoe de dingen die we in de wereld zien veranderen ten opzichte van elkáár veranderen. Oftewel: welke relaties kunnen er tussen die variabelen bestaan?[1]

Zo zitten de fundamentele vergelijkingen van de kwantumzwaartekracht in elkaar: ze bevatten geen tijdsvariabele en ze beschrijven de wereld door de mogelijke relaties tussen de variabele grootheden aan te geven.[2]

De eerste keer dat er een kwantumzwaartekrachtvergelijking werd opgesteld zonder één tijdsvariabele was in 1967. De vergelijking is van de hand van twee Amerikaanse natuurkundigen, Bryce DeWitt en John Wheeler, en heet dan ook de Wheeler-DeWitt-vergelijking.[3]

Aanvankelijk begreep niemand wat je aan moest met een vergelijking zonder tijdsvariabele, wellicht ook DeWitt en Wheeler niet (Wheeler: 'De tijd verklaren? Dat kan niet zonder het bestaan te verklaren! Het bestaan verklaren? Dat kan niet zonder de tijd te verklaren! De verborgen, diepere samenhang tussen tijd en bestaan blootleggen [...] is een taak voor de toekomst').[4] Er is lang en breed over gediscussieerd, er zijn congressen en debatten georganiseerd, en er zijn liters inkt aan opgegaan.[5] Ik geloof dat het stof inmiddels is neergedaald en dat een en ander nu veel duidelijker is. Er is niets mysterieus aan het ontbreken van de tijd in de fundamentele vergelijkingen van de kwantumzwaartekracht, het is gewoon het gevolg van het feit dat die variabele op fundamenteel niveau niet bestaat.

De theorie beschrijft niet hoe de dingen *in de tijd* evolueren. De theorie beschrijft hoe de dingen *ten opzichte van elkaar* veranderen,[6] hoe de feiten van de wereld in verhouding tot elkaar voorvallen. Dat is alles.

DeWitt en Wheeler zijn een aantal jaren geleden gestorven. Ik heb ze beiden gekend, en heb diep respect en veel bewondering voor ze. In mijn kamer op de universiteit van Marseille hangt een brief aan de muur die John Wheeler me schreef toen hij kennis had genomen van mijn eerste geschriften over de kwantumzwaartekracht. Af en toe herlees ik die, met een mengeling van trots en weemoed. Ik had hem zoveel meer willen vragen, die paar keer dat we elkaar troffen. De laatste keer dat ik hem ben gaan opzoeken, in Princeton, hebben we een lange wandeling gemaakt. Hij sprak met de zachte stem van een oude man, ik verstond een heleboel dingen die hij zei niet goed, maar durfde hem niet al te vaak te vragen ze te herhalen. Nu is hij er niet meer en kan ik hem geen vragen meer stellen, hem niet meer vertellen wat ik denk. Ik kan hem niet meer zeggen dat zijn ideeën volgens mij juist waren, dat zijn ideeën mij mijn hele lange onderzoeksleven lang al tot leidraad zijn. Ik kan hem niet meer zeggen dat ik denk dat hij als eerste in de buurt kwam van de kern van het mysterie van de tijd in de kwantumzwaartekracht. Helaas, hij is er niet meer. Dat doet de tijd met ons. Hij brengt herinnering en weemoed. Verdriet om een gemis.

Maar het is niet het gemis dat verdrietig maakt. Het zijn de genegenheid en de liefde. Als er geen genegenheid was, geen liefde, dan zou ook het verdriet om een gemis niet bestaan. Daarom is ook verdriet om een gemis in wezen goed en mooi, want het wordt gevoed door dat wat het leven zin geeft.

DeWitt ontmoette ik in Londen, de eerste keer dat ik erheen ging om een aantal wetenschappers te ontmoeten die zich met kwantumzwaartekracht bezighielden. Ik was nog jong en was gefascineerd door die geheimzinnige materie waar niemand in Italië zich mee bezighield, en waarvan hij de grote goeroe was. Ik was naar het Imperial College gegaan voor een ontmoeting met Chris Isham, en toen ik daar aankwam werd me gezegd dat hij op het terras op de bovenste verdieping zat. Daar zaten, zag ik door het glas, Chris Isham, Karel Kuchar en Bryce DeWitt aan een tafeltje, oftewel de drie wetenschappers wier geschriften en ideeën ik in de jaren daarvoor had bestudeerd. Ik herinner me de diepe indruk die het op me maakte dat ik ze daar zo kalmpjes zag zitten praten. Ik durfde niet naar ze toe te gaan en ze te storen. In mijn ogen leken ze op drie grote zenmeesters die door middel van mysterieuze glimlachjes onpeilbaar diepe waarheden uitwisselden. Waarschijnlijk zaten ze gewoon te overleggen waar ze zouden gaan eten. Nu ik eraan terugdenk, realiseer ik me dat zij toen jonger waren dan ik nu. Ook dát doet de tijd. Hij doet je perspectief kantelen. Kort voordat De Witt stierf, heeft hij in Italië een lang interview gegeven, waarvan een boekje is gemaakt.[7] Pas toen ik dat las, besefte ik dat hij mijn werk met veel meer aandacht en een stuk welwillender had gevolgd dan ik naar aanleiding van onze gesprekken had gedacht, want hij had vaak meer kritiek geuit dan dat hij me aanmoedigde.

DeWitt en Wheeler waren mijn spirituele vaders. Dorstig als ik was, waren hun ideeën als fris, helder, nieuw water voor me. Bedankt John, bedankt Bryce. Wij mensen leven van gevoelens en gedachten. Die wisselen we uit als we ons op hetzelfde moment op dezelfde plek bevinden, met elkaar praten, elkaar in de ogen kijken, elkaar aanraken. We voeden ons met dit web van ontmoetingen en uitwisselingen, sterker nog wij *zijn* dat web van ontmoetingen en uitwisselingen. Maar in wezen hoeven we voor die uitwisselingen niet op dezelfde tijd op dezelfde plek te zijn. Gedachten en emoties die ons met elkaar verbinden hebben er geen enkele moeite mee zeeën en decennia, soms zelfs eeuwen te overbruggen, vastgelegd op dunne velletjes papier of dansend tussen de microchips van onze computers. We maken deel uit van een web dat veel verder reikt dan die paar dagen dat ons leven duurt, die paar vierkante meter waar onze voetstappen liggen. Ook dit boek is een draad in dat weefsel.

Ik ben een beetje afgedwaald. Heimwee naar John en Bryce heeft me even van mijn pad gebracht. Alles wat ik in dit hoofdstuk wilde zeggen is dat zij tweeën de uiterst simpele vorm hebben bedacht van de structuur van de vergelijking die de dynamica van de wereld beschrijft. De dynamica van de wereld is gegeven door de vergelijking die vaststelt welke relaties er bestaan tussen alle variabelen die de wereld beschrijven. Ze bevinden zich allemaal op hetzelfde niveau. De vergelijking beschrijft mogelijke gebeurtenissen en de mogelijke correlaties daartussen. Dat is alles.

Dat is de elementaire vorm van de mechanica van de wereld, en die kan het zonder 'tijd' stellen. De wereld zonder tijdsvariabele is geen ingewikkelde wereld. Het is een web van onderling verbonden gebeurtenissen, waarin de betreffende variabelen de waarschijnlijkheidsregels respecteren die we, verbazingwekkend genoeg, in staat zijn voor het overgrote deel te formuleren. Het is een heldere wereld, winderig en vol schoonheid, zoals bergtoppen, zoals de droge schoonheid van gebarsten lippen van adolescenten.

KWANTUMGEBEURTENISSEN EN SPINNETWERKEN

De vergelijkingen van de luskwantumzwaartekracht,[8] mijn werkterrein, zijn een moderne versie van de theorie van Wheeler en DeWitt. Ze bevatten geen variabele tijd.

De variabelen van de theorie beschrijven de velden die de gebruikelijke materie vormen, zoals fotonen, elektronen, andere componenten van de atomen, en ook – op hetzelfde niveau als de rest – het zwaartekrachtveld. De lustheorie is geen 'geünificeerde theorie'. En wenst ook niet te pretenderen de ultieme theorie van de wetenschap te zijn. Het is een theorie die is opgebouwd uit losse, maar wel samenhangende stukjes, en die uitsluitend een *coherente* beschrijving wil zijn van de wereld zoals we die tot nu toe hebben begrepen.

Velden hebben een korrelige structuur: elementaire deeltjes, fotonen en zwaartekrachtkwanta, oftewel 'ruimtekwanta'. Deze elementaire korrels bevinden zich niet *in* de ruimte, ze vormen zelf de ruimte. Of liever: de 'ruimte' van de wereld is het web van hun interacties. Ze leven niet in de tijd: ze gaan onophoudelijk interacties aan met elkaar, sterker nog: ze bestaan alleen in termen van onophoudelijke interactie. En dat interageren *is* het gebeuren van de wereld, *is* de kleinste elementaire vorm van tijd, die noch georiënteerd is, noch geordend langs een lijn of in een gekromde of gladde meetkunde, zoals die welke door Einstein werden bestudeerd. Het is een wederzijds interageren, waarbij de kwanta op het moment van de interactie actueel worden ten opzichte van dat waarmee ze interageren.

De dynamica van die interacties is probabilistisch. De waarschijnlijkheid dat er iets voorvalt is – gegeven het feit dat er iets anders voorvalt – in principe te berekenen met de vergelijkingen van de theorie.

We kunnen geen volledige kaart, geen volledige meetkunde tekenen van de voorvallen van de wereld, omdat die voorvallen, waaronder het verstrijken van de tijd, altijd alleen maar plaatsvinden in een interactie, en in relatie tot een fysisch systeem dat bij die interactie betrokken is. De wereld is als een verzameling gezichtspunten die aan elkaar gerelateerd zijn. 'De wereld van buitenaf gezien' is nonsens, want er is geen 'buiten' de wereld.

De elementaire kwanta van het zwaartekrachtveld bestaan op de Planck-schaal. Het zijn de elementaire korrels die het beweeglijke doek vormen waarmee Einstein de absolute ruimte en de absolute tijd van Newton heeft geherinterpreteerd. Het zijn díe korrels, en hun interacties, die het zich uitstrekken van de ruimte en het voortduren van de tijd bepalen.

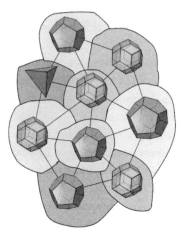

Vrije weergave van het netwerk van elementaire ruimtekorrels (ook wel: spinnetwerk)

De ruimtekorrels zijn door buurrelaties verbonden tot netwerken. Die netwerken noemen we 'spinnetwerken' (*spin networks*). Het woord *spin* (rotatie) komt uit de wiskunde die de ruimtekorrels beschrijft, dezelfde wiskunde als die van de symmetrieën van de ruimte.[9] Een afzonderlijke ring in een spinnetwerk noemen we een lus, en daaraan ontleent de theorie haar naam. De netwerken op hun beurt gaan met discrete sprongen in elkaar over, sprongen die in de theorie worden beschreven als structuren die we 'spinschuim' (*spin foam*) noemen.[10]

Die sprongen vormen het weefsel dat ons op grote schaal voorkomt als de gladde structuur van de ruimtetijd. Op kleine schaal beschrijft de theorie een fluctuerende, probabilistische en discrete 'kwantumruimtetijd'. Op die schaal is er slechts sprake van een woest gekrioel van opduikende en verdwijnende kwanta.

Vrije weergave van spinschuim

Dat is de wereld waarmee ik me dagelijks bezighoud. Het is een ongewone wereld, maar geen onzinnige wereld.

In mijn onderzoeksgroep in Marseille proberen we bijvoorbeeld te berekenen hoelang het duurt voordat een zwart gat uiteenspat als het door een kwantumfase gaat.

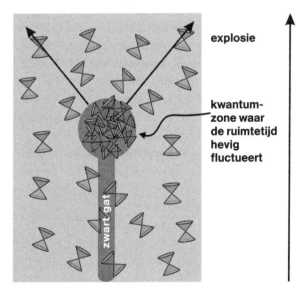

Gedurende die fase is er in het zwarte gat en in de onmiddellijke nabijheid daarvan geen afzonderlijke, 'bepaalde' ruimtetijd meer, maar wel een kwantumsuperpositie van spinnetwerken. Zoals een elektron tussen het moment waarop het wordt uitgezonden en het moment waarop het via meerdere plekken een scherm bereikt kan uitwaaieren in een wolk van waarschijnlijkheden, zo gaat de ruimtetijd van het kwantumverval van een zwart gat door een fase waarin de tijd hevig fluctueert en er een kwantumsuperpositie van verschillende tijden plaatsvindt, waarna de ruimtetijd, na de explosie, weer 'bepaald' wordt.

Ook voor die tussenfase, waarin de tijd volkomen onbepaald is, hebben we vergelijkingen die ons vertellen wat er gebeurt. Tijdloze vergelijkingen.

Dat is de wereld die wordt beschreven door de lustheorie.

Ben ik er ten volle van overtuigd dat dat de juiste manier is om de wereld te beschrijven? Nee, maar het is de enige coherente en uitputtende manier die mij op dit moment bekend is om over de ruimtetijd na te denken zonder daarbij de kwantumeigenschappen te veronachtzamen. De luskwantumzwaartekracht toont aan dat het mogelijk is een coherente theorie op te stellen zonder fundamentele ruimte en tijd, waarmee desondanks kwalitatieve voorspellingen kunnen worden gedaan.

In een dergelijke theorie zijn ruimte en tijd geen containers meer, of algemene vormen van de wereld. Het zijn benaderingen van een kwantumdynamica die geen ruimte en geen tijd kent, alleen gebeurtenissen en relaties. Het is de tijdloze wereld van de fundamentele fysica.

DEEL III
DE BRONNEN VAN DE TIJD

9
Tijd is het gevolg van onwetendheid

Vraag niet – weten is slecht – welk einde door de goden voor mij,
voor jou is voorbeschikt, Leuconoë,
en laat je niet in met al die Babylonische berekeningen.
Horatius, *Oden*, I, 11

Er is een tijd om geboren te worden en een tijd om te sterven, een tijd om te huilen en een tijd om te dansen, een tijd om te doden en een tijd om te helen. Een tijd om af te breken en een tijd om op te bouwen.[1] Tot nu toe was het tijd om de tijd af te breken. Nu is het tijd om de tijd zoals we die kennen weer op te bouwen. Op zoek te gaan naar de bronnen ervan. Te begrijpen waar hij vandaan komt.

Als in de elementaire dynamica van de wereld alle variabelen gelijkwaardig zijn, wat is dan dat wat wij mensen 'tijd' noemen? Wat meet mijn horloge? Wat loopt altijd vooruit en nooit achteruit, en waarom? Het mag dan geen deel uitmaken van de elementaire grammatica van de wereld, akkoord, maar wat *ís* het?

Er zijn heel veel dingen die geen deel uitmaken van de elementaire grammatica van de wereld, en die eenvoudigweg op een of andere manier 'ontstaan'. Bijvoorbeeld:

– Katten maakt geen deel uit van de basisbestanddelen van het universum. Een kat is iets complex wat *ontstaat* en zichzelf herhaalt, op meerdere plekken op onze planeet.

– Een groep jongens op een veld. Ze besluiten een wedstrijdje te spelen. Er worden teams gevormd. Wij deden dat altijd als volgt: de twee ondernemendste lootten wie er mocht beginnen en kozen daarna om de beurt een teamgenoot. Aan het eind van die gewichtige procedure waren er twee teams. Waar waren die vóór de procedure? Nergens. Ze zijn *ontstaan* uit de procedure.
– Waar komen 'boven' en 'onder' vandaan, die ons zo vertrouwd zijn maar niet voorkomen in de basisvergelijkingen van de wereld? Die ontspruiten aan de aantrekkingskracht van de aarde, dicht bij ons. 'Boven' en 'onder' *ontstaan* onder bepaalde omstandigheden in het universum, zoals de nabijheid van een grote massa.
– In het hooggebergte kijken we naar een dal dat bedekt is door een wolkenzee. Het wolkenoppervlak is stralend wit. We lopen richting dal. De lucht wordt vochtiger, dan heiig, de hemel is niet langer blauw, we bevinden ons in een lichte nevel. Waar is het egale wolkendek gebleven? Verdwenen. De overgang is geleidelijk: er is geen enkel *oppervlak* dat de mist scheidt van de blauwe lucht in het hooggebergte. Was het een illusie? Nee, het was het beeld dat we van een afstand zagen. Als je er goed over nadenkt, geldt hetzelfde voor álle oppervlakken. Als ik tot atomaire schaal zou krimpen, zou ik een massief marmeren tafel als een nevel zien. Alle dingen op de wereld worden onscherp als je ze van dichtbij bekijkt. Waar eindigt de berg precies, en waar begint de vlakte? Waar eindigt de woestijn en begint de savanne? We snijden de wereld in dikke plakken. We zien haar in termen van begrippen die voor ons betekenisvol zijn, die zich op een bepaalde schaal manifesteren.
– Elke dag zien we de hemel om ons heen draaien, maar in feite zijn wíj het die draaien. Is het dagelijkse schouwspel van het universum dat draait illusoir? Nee, het is reëel, maar heeft niet alleen met de kosmos te maken. Het heeft ook te maken met onze relatie tot de zon en de sterren. We begrijpen het als we ons

afvragen hoe wíj bewegen. De kosmische beweging *ontspruit* aan de relatie tussen ons en de kosmos.

In deze voorbeelden ontspruit iets reëels – een kat, een voetbalteam, boven en onder, het wolkendek, het draaien van de kosmos – aan een wereld waarin er op een basaler niveau geen katten, teams, boven en onder, wolkendek of draaien van de kosmos bestaan... En zo ontspruit de tijd aan een wereld waarin er geen tijd bestaat.

Ik begin de reconstructie van de tijd met twee korte, technische paragrafen. Als ze wat al te lastig zijn, sla ze dan over en ga direct door naar hoofdstuk 11. Daar keren we stap voor stap terug naar menselijker zaken.

THERMISCHE TIJD

Het koortsachtige gewoel tijdens de moleculaire thermische vermenging maakt dat alle variabelen die kúnnen variëren dat ook voortdurend doen.

Maar één ding varieert niet: de totale energie binnen een (geïsoleerd) systeem. Energie en tijd zijn nauw met elkaar verbonden. Energie en tijd zijn grootheden die door natuurkundigen 'geconjugeerd' worden genoemd: de twee termen van het paar zijn met elkaar verbonden. Dit geldt bijvoorbeeld ook voor plaats en impuls, en voor hoek en impulsmoment. Enerzijds staat weten wat de energie van een systeem is[2] – hoe die verbonden is met de andere variabelen – gelijk aan weten hoe de tijd stroomt (want de evolutievergelijkingen in de tijd volgen uit de vorm van zijn energie[3]), anderzijds blijft de energie behouden in de tijd, en kan die dus niet variëren, zelfs niet als al het andere varieert. In zijn thermische agitatie doorloopt een systeem[4] alle configuraties die dezelfde energie hebben, maar ook alleen díe. Het geheel van deze configuraties – die onze onscherpe macroscopische blik niet kan onderscheiden – is de '(macroscopische) evenwichtstoestand': een glas roerloos warm water.

De gebruikelijke manier om de relatie tussen tijd en evenwichtstoestand te interpreteren gaat uit van de gedachte dat tijd iets absoluuts en objectiefs is; energie is dat wat de evolutie in de tijd stuurt; en het systeem in evenwicht vermengt configuraties die dezelfde energie hebben. In de conventionele logica zien deze relaties er als volgt uit:

Tijd —> energie —> macroscopische toestand.[5]

Maar er is ook een andere manier om naar deze relatie te kijken, namelijk in omgekeerde richting. Dan zie je dat een macroscopische toestand – te weten een vermenging van variabelen waarvan er één behouden blijft, of een onscherpe blik op de wereld – geïnterpreteerd kan worden als een vermenging waarbij een energie behouden blijft, die op haar beurt een tijd genereert. Dan krijg je dit:

Macroscopische toestand —> energie —> tijd.[6]

Dit opent een nieuw perspectief: in een elementair fysisch systeem waarin er *geen enkele* geprivilegieerde variabele is die zich gedraagt als 'tijd', dus waarin alle variabelen zich op hetzelfde niveau bevinden maar waarvan we een onscherp macroscopisch beeld hebben, wordt tijd bepaald door een generieke macroscopische toestand.

Ik herhaal, want dit is de crux: een macroscopische toestand (die voorbijgaat aan details) kiest een bepaalde variabele (i.e. de energie), die een aantal kenmerken van de tijd heeft.

Met andere woorden, tijd wordt simpelweg bepaald door onscherpte. Boltzmann snapte dat het gedrag van warmte begrepen moet worden in termen van onscherpte: in een waterglas bevindt zich een zee aan microscopische variabelen die wij niet zien. Het *aantal* mogelijke microscopische configuraties van het water is de entropie. Maar er is dus nog meer: de onscherpte zelf bepaalt een specifieke variabele, namelijk de tijd.

In de fundamentele relativistische natuurkunde, waar geen enkele variabele a priori de rol van tijd speelt, kunnen we de relatie tussen macroscopische toestand en evolutie in de tijd dus omdraaien: het is niet de evolutie in de tijd die de toestand bepaalt, maar het is de toestand, de onscherpte, die de tijd bepaalt.

De op die wijze door een macroscopische toestand bepaalde tijd wordt 'thermische tijd' genoemd. In welke zin is het een tijd? Microscopisch gezien heeft hij niets speciaals, is hij een doodgewone variabele. Maar macroscopisch gezien heeft hij een cruciaal kenmerk: van alle variabelen op hetzelfde niveau is de thermische tijd die welke zich het meest gedraagt als de variabele die we gewoonlijk 'tijd' noemen, omdat zijn relatie met de macroscopische toestanden exact dezelfde is als de relatie die we kennen uit de thermodynamica.

Maar het is geen universele tijd. Hij is bepaald door een macroscopische toestand, dat wil zeggen door een onscherpte, door de onvolkomenheid van een beschrijving. In het volgende hoofdstuk zal ik de oorsprong van deze onscherpte bespreken, maar eerst gaan we nog even terug naar de kwantummechanica.

KWANTUMTIJD

Roger Penrose[7] is een van de meest scherpzinnige wetenschappers die zich met ruimte en tijd hebben beziggehouden. Hij is tot de conclusie gekomen dat de relativistische natuurkunde weliswaar niet incompatibel is met onze gewaarwording van het stromen van de tijd, maar dat ze niet afdoende is om die te verklaren; hij heeft gesuggereerd dat het ontbrekende puzzelstukje gevormd zou kunnen worden door wat er gebeurt in een kwantuminteractie.[8] Alain Connes, een uitmuntend Frans wiskundige, heeft een slimme manier gevonden om te beschrijven dat de kwantuminteractie aan de basis staat van de tijd.

Als een interactie de *plaats* van een molecule concreet maakt, dan verandert de toestand van het molecule. Hetzelfde geldt voor zijn *snelheid*. Als eerst de snelheid wordt geconcretiseerd en pas daarna de plaats, wijzigt de toestand van het molecule op een andere manier dan gebeurd zou zijn als de twee gebeurtenissen in omgekeerde volgorde hadden plaatsgevonden. De volgorde is van belang. Als ik eerst de plaats van een elektron meet en daarna de snelheid, wijzig ik zijn toestand op een andere manier dan wanneer ik eerst de snelheid en dan de plaats zou meten.

Dit wordt de 'niet-commutativiteit' van de kwantumvariabele genoemd, omdat plaats en snelheid 'niet commuteren', dat wil zeggen dat ze niet ongestraft van positie kunnen wisselen. Niet-commutativiteit is een van de kenmerkende eigenschappen van de kwantummechanica. De niet-commutativiteit bepaalt een volgorde – en daarmee een kiem van temporaliteit – bij het bepalen van twee fysische variabelen. Een fysische variabele bepalen is een operatie die consequenties heeft, het betekent interageren. Het effect van die interacties hangt af van hun volgorde, en die volgorde is een primitief soort tijdsvolgorde. En wellicht ligt die tijdsvolgorde wel aan de basis van de tijdsvolgorde van de wereld. Connes heeft het volgende idee gesuggereerd: de kiem van de temporaliteit in elementaire kwantumtransities is gelegen in het feit dat die van nature (partieel) geordend zijn.

Connes heeft een geraffineerde wiskundige versie van dit idee gepresenteerd: hij heeft aangetoond dat het feit dat fysische variabelen niet-commutatief zijn impliceert dat er sprake is van iets als een tijdsevolutie. De niet-commutativiteit zorgt ervoor dat het geheel aan fysische variabelen van een systeem een wiskundige structuur definieert, 'niet-commutatieve von Neumann-algebra' genaamd, en Connes heeft aangetoond dat er in deze structuren impliciet sprake is van een gedefinieerde tijdsevolutie.[9]

Het is verrassend hoe nauw de relatie is tussen de door Alain Connes gedefinieerde tijdsevolutie in kwantumsystemen en de thermische tijd: Connes heeft aangetoond dat in een kwantumsysteem de door verschillende macroscopische toestanden bepaalde thermische stromen equivalent zijn, afgezien van bepaalde inwendige symmetrieën,[10] en dat ze samen precies de tijdsevolutie van Connes vormen.[11] Simpeler gezegd: de door de macroscopische toestanden bepaalde tijd en de door de kwantum-niet-commutativiteit bepaalde tijd zijn aspecten van hetzelfde fenomeen.

Deze thermische (en kwantum)tijd is mijns inziens[12] de variabele die wij 'tijd' noemen in ons reële universum waar een tijdsvariabele op fundamenteel niveau niet bestaat.

Het intrinsieke kwantumindeterminisme in de dingen produceert een onscherpte, net als de onscherpte van Boltzmann, die maakt dat – in tegenstelling tot hetgeen de klassieke natuurkunde leek aan te geven – de wereld óók onvoorspelbaar zou blijven als we al wat meetbaar is nu zouden kunnen meten.

Beide bronnen van onscherpte – die welke te wijten is aan het feit dat fysische systemen bestaan uit ontelbaar veel moleculen, en die welke te wijten is aan het kwantumindeterminisme – vormen het hart van de tijd. Temporaliteit is nauw verbonden met onscherpte. Onscherpte is het gevolg van het feit dat we de microscopische details van de wereld niet kennen. De tijd van de natuurkunde is, in laatste instantie, de expressie van onze onwetendheid met betrekking tot de wereld. Tijd is een gevolg van onwetendheid.

Alain Connes heeft met twee vrienden een korte sciencefictionroman geschreven waarin Charlotte, de hoofdpersoon, heel even álle informatie over de wereld tot haar beschikking heeft, zonder onscherpte. Ze kan de wereld voorbij de tijd rechtstreeks 'zien'. 'Ik heb het ongehoorde geluk gehad dat mij een allesomvattende blik op mijn zijn is vergund, niet op een bepaald moment ervan, maar "in zijn geheel". Ik heb de eindigheid ervan in de ruimte, waar niemand van wakker ligt, kunnen vergelijken met de eindigheid ervan in de tijd, waar iedereen zo mee worstelt.'

Vervolgens keert ze weer terug in de tijd: 'Ik had de indruk dat ik alle door het kwantumtafereel verstrekte oneindige informatie verloor, en dat verlies volstond om me onherroepelijk mee te sleuren in de rivier van de tijd.' De emotie die dat oproept wordt veroorzaakt door de tijd: 'Ik ervoer het weer opduiken van de tijd als een inbreuk, als een bron van verwarring, van spanning, van angst, van dissociatie.'[13]

Ons onscherpe en indeterministische beeld van de werkelijkheid doet een variabele verschijnen, de thermische tijd, die een aantal bijzondere eigenschappen blijkt te hebben die beginnen te lijken op dat wat wij 'tijd' noemen: hij ligt besloten in de juiste relatie tot de evenwichtstoestanden.

De thermische tijd houdt verband met de thermodynamica, en dus met warmte, maar lijkt nog niet op de tijd zoals wij die beleven, omdat hij geen onderscheid maakt tussen verleden en toekomst, zonder oriëntatie is en gespeend is van hetgeen wij toeschrijven aan het 'stromen'.

Dat onderscheid tussen verleden en toekomst waar we zo'n belang aan hechten, waar komt dat vandaan?

10

Perspectief

In zijn wijsheid bedekt de god
de toekomst met een duistere nacht
en lacht als een sterveling buitengewoon angstig is.
Horatius, *Oden*, III, 29

Het hele verschil tussen verleden en toekomst kan worden teruggebracht tot het simpele feit dat de entropie van de wereld in het verleden laag was (oftewel de mate van orde hoog).[1] Waarom was die in het verleden laag?

In dit hoofdstuk zet ik een idee uiteen voor een mogelijk antwoord, in de hoop dat 'mijn antwoord op deze vraag en haar wellicht ver uitwaaierend vermoeden op een luisterend oor stuiten'.[2] Ik weet niet zeker of dat het correcte antwoord is op de vraag, maar het is een idee waar ik voor gevallen ben,[3] en het zou veel dingen kunnen verklaren.

WE DRAAIEN ZELF!

Wat wij mensen bij nadere beschouwing ook mogen zijn, we zijn hoe dan ook deel van de natuur, een van de vele steentjes in het grote mozaïek van de kosmos.

Tussen ons en de rest van de wereld vinden er fysische interacties plaats. Natuurlijk gaan niet álle variabelen van de wereld interacties aan met ons of met het stuk wereld waar wij toe behoren. Dat doet slechts een piepklein deel van die variabelen; het overgrote deel gaat helemaal geen interacties met ons aan. Dat deel ziet ons niet, en wij zien dat deel niet. Daarom zijn vele configuraties van de wereld die van elkaar verschillen in onze ogen equivalent. De fysische interactie tussen mij en een glas water – twee stukjes wereld – is niet afhankelijk van de details van de beweging van de afzonderlijke watermoleculen. Op dezelfde wijze gaat de fysische interactie tussen mij en een ver melkwegstelsel – twee stukjes wereld – voorbij aan wat er daarboven in detail gebeurt. Onze kijk op de wereld is dus onscherp. En dat komt doordat de fysische interacties tussen ons en het gedeelte van de wereld waar we toegang toe hebben en waar we toe behoren blind zijn voor veel variabelen.

Deze onscherpte vormt de kern van de theorie van Boltzmann.[4] Uit die onscherpte komen de begrippen warmte en entropie voort, waarmee de verschijnselen verband houden die het stromen van de tijd karakteriseren. Met name de entropie van een systeem hangt expliciet af van die onscherpte: die hangt namelijk af van iets wat ik níet zie, te weten van het aantal *onwaarneembare* configuraties. *Een en dezelfde* microscopische configuratie kan van een hoge entropie zijn ten opzichte van de ene onscherpte, en van een lage entropie ten opzichte van een andere. Onscherpte, op haar beurt, is geen mentaal construct: ze hangt af van de reële fysische interactie, en dus hangt de entropie van een systeem af van de fysische interactie met dat systeem.[5]

Dit betekent niet dat entropie een arbitraire of subjectieve grootheid is. Het betekent dat het een *relatieve* grootheid is, net als bijvoorbeeld snelheid. De snelheid van een voorwerp is geen eigenschap van dat voorwerp op zich, het is een eigenschap van het voorwerp ten opzichte van een ander voorwerp. De snelheid van een kind dat door het gangpad van een trein holt heeft een waarde ten opzichte van de trein (zoveel stappen per seconde) en een andere waarde ten opzichte van de aarde (honderd kilometer per uur). Als de moeder tegen het kind zegt 'Sta 'ns stil!', dan bedoelt ze niet dat het kind uit het raampje moet springen en stil moet gaan staan *ten opzichte van de aarde*. Ze bedoelt dat het stil moet gaan staan *ten opzichte van de trein*. Snelheid is een eigenschap van een lichaam *ten opzichte van een ander lichaam*. Een *relatieve* grootheid.

Hetzelfde geldt voor entropie. De entropie van A ten opzichte van B telt het aantal configuraties van A die door de *fysische* interacties tussen A en B niet worden onderscheiden.

Nu dit punt, dat vaak voor veel verwarring zorgt, is opgehelderd, opent dat de weg naar een aanlokkelijke oplossing voor het mysterie van de tijdspijl.

De entropie *van de wereld* hangt niet uitsluitend af van de configuratie van de wereld, maar ook van de mate waarin wij de wereld onscherp zien, en dat hangt weer af van de vraag met welke variabelen van de wereld – dat wil zeggen het gedeelte van de wereld waartoe wij behoren – *wíj* interacties aangaan.

In onze waarneming is de uitgangsentropie van de wereld erg laag. Het gaat dan echter niet over de precieze toestand van de wereld, maar over de deelverzameling van variabelen van de wereld waarmee *wij*, als fysische systemen, interacties zijn aangegaan. De uitgangsentropie van het universum was laag ten opzichte van de dramatische onscherpte die wordt veroorzaakt door *onze* interacties met de wereld, ten opzichte van de kleine verzameling van macroscopische variabelen met behulp waarvan wij de wereld beschrijven.

Dit feit laat ruimte voor de mogelijkheid dat in het verleden niet zozeer het universum in een zeer specifieke configuratie verkeerde, maar dat wellicht wijzelf, en onze interacties met het universum, uitzonderlijk zijn. Wijzelf zijn bepalend voor een specifieke macroscopische beschrijving. De lage uitgangsentropie van het universum, en dus de tijdspijl, zou dus eerder te wijten zijn aan *ons* dan aan het universum. Dat is het idee.

Neem nu eens een van de meest duidelijke en schitterende fenomenen die er bestaan, de dagelijkse omwenteling van de hemel. Het is het meest directe en magnifieke kenmerk van het universum om ons heen: het draait. Maar... is dat draaien écht een kenmerk van het universum? Nee. We hebben er millennia over gedaan, maar ten slotte hebben we de omwenteling van de hemel begrepen, hebben we begrepen dat wíj draaien, niet het universum. Het feit dat we de hemel zien draaien is louter een kwestie van perspectief en wordt veroorzaakt door onze specifieke manier van bewegen, niet door een of andere mysterieuze eigenschap van de dynamica van het universum.

Voor de tijdspijl zou precies hetzelfde kunnen gelden. De lage uitgangsentropie van het universum zou aan de bijzondere manier kunnen liggen waarop wij – het fysische systeem waarvan wij deel uitmaken – interacties aangaan met het universum. Wij zijn afgestemd op een zeer uitzonderlijke deelverzameling van aspecten van het universum, en *die* is georiënteerd in de tijd.

Hoe kan een specifieke interactie tussen ons en de rest van de wereld leiden tot een lage uitgangsentropie?

Heel eenvoudig. Neem een stapeltje van twaalf kaarten, zes rode en zes zwarte. Leg de zes rode kaarten bovenop. Schud de kaarten en kijk vervolgens hoeveel zwarte kaarten er na het schudden tussen de rode zitten. Vóór het schudden was dat er geen een, en door te schudden nam dat aantal toe. Dat is een voorbeeld van entropietoename. Aan het begin was het aantal zwarte kaarten tussen de eerste zes kaarten nul (de entropie was laag), en wel omdat je begon met een *specifieke* configuratie.

Maar nu gaan we wat anders doen. Schud de twaalf kaarten, kijk vervolgens naar de eerste zes en onthoud die. Schud de kaarten weer en kijk dan welke andere kaarten er nu tussen de eerste zes zitten. In het begin was dat er geen een, daarna neemt dat aantal toe, net als eerder het geval was, en ook de entropie neemt toe. Maar er is een cruciaal verschil met die eerste twaalf kaarten waar we het over hadden: deze kaarten vormden aan het begin een willekeurige configuratie, en je hebt ze zélf tot specifiek bestempeld toen je zag dat ze bovenaan lagen.

Hetzelfde zou kunnen gelden voor de entropie van het universum: misschien had het universum geen specifieke configuratie. Wellicht behoren wij tot een fysisch systeem ten opzichte waarvan die toestand specifiek was.

Maar waarom zou er een fysisch systeem bestaan ten opzichte waarvan de uitgangsconfiguratie van het universum specifiek is? Omdat er in de oneindigheid van het universum ontelbaar veel fysische systemen bestaan die op nóg ontelbaar veel meer manieren interacties met elkaar aangaan. En in die onmetelijke zee van mogelijkheden en aantallen zal er zich vast en zeker een bevinden die met de rest van het universum interacties aangaat met precies die variabelen die in het verleden een specifieke waarde bleken te hebben.

Het is niet verbazingwekkend dat er in een immens universum als het onze specifieke deelverzamelingen bestaan. Net zoals het niet verbazingwekkend is dat *iemand* de loterij wint: iedere week wint iemand die wel. Het is onnatuurlijk om te denken dat het hele universum zich in het verleden in een ongelofelijk specifieke configuratie bevond, maar het is heel natuurlijk je voor te stellen dat er in het universum specifieke delen bestaan.

Als een deelverzameling van het universum in bovenstaande zin specifiek is, dan is de entropie van het universum voor díe deelverzameling in het verleden laag, geldt de tweede wet van de thermodynamica, bestaan er herinneringen en sporen, is er sprake van evolutie van leven, denken, enzovoorts.

Met andere woorden, als er in het universum 'iets' dergelijks bestaat – en dat lijkt mij een natuurlijke aanname – dan behoren wij tot dat 'iets'. En met 'wij' bedoel ik hier de verzameling fysische variabelen waar we in de regel toegang toe hebben en waarmee wij het universum beschrijven. Misschien is het stromen van de tijd dus geen kenmerk van het universum, maar is het, net als het wentelen van het hemelgewelf, een specifiek perspectief dat inherent is aan het stuk wereld waartoe wij behoren.

Maar waarom zouden uitgerekend wíj deel uitmaken van een van díe specifieke systemen? Om dezelfde reden dat appels *uitgerekend* in Noord-Europa groeien waar de mensen cider drinken, en druiven in Zuid-Europa waar de mensen wijn drinken; of om dezelfde reden dat waar ik geboren ben de mensen *uitgerekend* dezelfde taal spreken als ik, of dat de zon die ons verwarmt zich *uitgerekend* op de juiste afstand tot de aarde bevindt, namelijk niet te veraf en ook niet te dichtbij. In al die gevallen wordt de 'wonderlijke' samenloop van omstandigheden veroorzaakt door het feit dat er verkeerde causale verbanden worden gelegd: het is niet zo dat er appels groeien waar de mensen cider drinken, maar dat de mensen cider drinken daar waar er appels groeien. Als je het zo stelt, is er niets geks aan.

Het zou dus ook zo kunnen zijn dat er in de onmetelijke variëteit van het universum fysische systemen bestaan die met de rest van de wereld interacties aangaan door middel van die specifieke variabelen die voor een lage uitgangsentropie zorgden. Ten opzichte van *die* systemen neemt de entropie constant toe. Daar, en niet ergens anders, doen zich de verschijnselen voor die zo typerend zijn voor het stromen van de tijd, daar is leven mogelijk, de evolutie, ons denken en ons bewustzijn van het stromen van de tijd. Daar bevinden zich de appels waar ónze cider van wordt gemaakt: de tijd. Dat zoete vocht dat ambrozijn én gal bevat, dat het leven is.

INDEXICALITEIT

Als we wetenschap bedrijven, beogen we de wereld zo objectief mogelijk te beschrijven. We trachten optische verdraaiingen en illusies die het gevolg zijn van ons gezichtspunt te elimineren. Wetenschap streeft naar objectiviteit. Naar een algemeen gezichtspunt waar we het over eens kunnen zijn.

Dat is natuurlijk heel mooi, maar we moeten niet uit het oog verliezen dat er veel verloren gaat als we voorbijgaan aan het gezichtspunt van de waarnemer. In haar verlangen naar objectiviteit mag de wetenschap niet vergeten dat we de wereld van binnenuit ervaren. Elke keer dat we naar de wereld kijken, gebeurt dat vanuit een specifiek perspectief.

Veel wordt duidelijk als je daarmee rekening houdt. Het verklaart bijvoorbeeld de relatie tussen dat wat er op een geografische kaart staat afgebeeld en dat wat we zien. Om een kaart te vergelijken met hetgeen we zien, hebben we cruciale informatie nodig, namelijk dat we op de kaart het punt kunnen herkennen waar we ons bevinden. De kaart weet niet waar wij zijn, of het moet zo'n kaart zijn die ergens in een bergdorp hangt met de wandelpaden in de omgeving, en met een rode pijl erop en de woorden 'U bevindt zich hier'.

Wat overigens een eigenaardige zin is, want hoe weet die kaart nou of we daar zijn? Misschien kijken we ernaar door een verrekijker. Eigenlijk zou er op die kaart moeten staan: 'Ik, kaart, bevind me hier.' Met een rode pijl. Maar wellicht klinkt dat wat vreemd: hoe kan een kaart nou 'ik' zeggen? Je zou dat kunnen omzeilen door een minder expliciete zin. Iets als: 'Deze kaart is hier' en een rode pijl. Maar ook dan kleeft er iets eigenaardigs aan: een zin die naar zichzelf verwijst. Maar wát is daar dan zo eigenaardig aan?

Dat is wat taalfilosofen 'indexicaliteit' noemen. De eigenschap die sommige woorden bezitten om elke keer dat ze gebruikt worden van betekenis te veranderen. De betekenis wordt bepaald door waar, hoe, wanneer en door wie het woord wordt gebezigd. Woorden als 'hier', 'nu', 'ik', 'dit', 'vanavond' veranderen van betekenis naar gelang het subject dat ze bezigt en de omstandigheden waarin ze worden gebruikt. 'Ik heet Carlo Rovelli' is een zin die waar is als ík die uitspreek, maar in de regel niet waar als iemand anders die uitspreekt. 'Het is nu 12 september 2016' is een zin die waar is als ik die op die dag in dat jaar opschrijf, maar een paar uur later al niet meer. Deze indexicale zinnen illustreren dat er zoiets als een gezichtspunt bestaat, en dat dat onderdeel is van elke beschrijving van de geobserveerde wereld.

Als we een beschrijving van de wereld geven die gezichtspunten buiten beschouwing laat en uitsluitend een beschrijving 'van buitenaf' is van de ruimte, van de tijd, van een subject, dan kunnen we veel dingen zeggen, maar gaan er cruciale aspecten van de wereld verloren. Want de wereld die ons is gegeven is de wereld gezien van binnenuit, niet de wereld gezien van buitenaf.

Veel dingen van de wereld die we zien, vallen te begrijpen als we het bestaan van het gezichtspunt incalculeren. En worden onbegrijpelijk als we dat niet doen. Bij elke ervaring bevinden we ons op een plek in de wereld: in onze geest, in onze hersenen, een plek in de ruimte, een moment in de tijd. Onze plaatsbepaling in de wereld is essentieel om te begrijpen hoe wíj tijd ervaren. We dienen de tijdstructuren van de wereld 'gezien van buitenaf' dus niet te verwarren met de aspecten van de wereld die we observeren, en die afhankelijk zijn van het feit dat wij er deel van uitmaken en ons erin bevinden.[6]

Om een geografische kaart te kunnen gebruiken, kunnen we er niet mee volstaan die van buitenaf te bekijken, maar dienen we te weten waar we ons op die kaart bevinden. Om te begrijpen hoe we de ruimte ervaren, kunnen we er niet mee volstaan naar de ruimte van Newton te kijken, maar moeten we ons bedenken dat we die van binnenuit bezien, dat we ons erin bevinden. Om de tijd te begrijpen, is het niet voldoende die van buitenaf te beschouwen: we dienen te begrijpen dat wij ons, op elk moment van onze beleving, in die tijd bevinden.

We zien het universum van binnenuit en gaan maar met een piepklein gedeelte van de ontelbare variabelen in de kosmos interacties aan. We hebben er een onscherp beeld van. En die onscherpte impliceert dat de dynamica van het universum waarmee wij interacties aangaan wordt bepaald door entropie, die een maat is voor de onscherpte. Ze meet iets wat eerder ons aangaat dan de kosmos.

We komen langzamerhand gevaarlijk dicht in de buurt van onszelf. Het is net of we Tiresias tegen Oedipus horen zeggen: 'Stop! Of je komt uit bij jezelf!' Of Hildegard van Bingen die in de twaalfde eeuw het absolute zoekt en ten slotte de 'universele mens' in het centrum van de kosmos plaatst.

De universele mens in het centrum van de kosmos. In: Hildegard van Bingen, *Liber Divinorum Operum* (1164-1170)

Maar voordat we aan dat 'ons' toekomen, volgt er eerst nog een hoofdstuk waarin wordt toegelicht hoe de toename van entropie – die dus wellicht uitsluitend een kwestie is van perspectief – aan de basis kan staan van de immense fenomenologie van de tijd.

Eerst vat ik de laatste twee hoofdstukken samen, in de hoop dat ik niet al mijn lezers onderweg al ben kwijtgeraakt: op fundamenteel niveau is de wereld een verzameling van níet in de tijd geordende gebeurtenissen. Deze gebeurtenissen bewerkstelligen betrekkingen tussen fysische variabelen die zich a priori op hetzelfde vlak bevinden. Elk deel van de wereld gaat interacties aan met een klein gedeelte van alle variabelen, waarvan de waarde 'de toestand van de wereld ten opzichte van die deelverzameling' bepaalt.

Voor elk deel van de wereld geldt dat configuraties van de rest van de wereld er onwaarneembaar zijn. De entropie telt die. De toestanden waar onwaarneembare configuraties in de meerderheid zijn komen vaker voor, en dus beschrijven de toestanden van maximale entropie over het algemeen 'de rest van de wereld', gezien vanuit een deelverzameling. Deze toestanden zijn op natuurlijke wijze gerelateerd aan een stroom ten opzichte waarvan ze in evenwicht lijken te zijn. De parameter van die stroom is de thermische tijd.

Onder de ontelbare delen van de wereld zullen zich specifieke delen bevinden, waarvoor de toestanden die gerelateerd zijn aan een uiteinde van de thermische tijd, uit *weinig* configuraties bestaan. Voor díe systemen is de stroom niet symmetrisch; de entropie neemt toe. Deze toename is dat wat wij ervaren als het verstrijken van de tijd.

Ik weet niet zeker of het een plausibel verhaal is, maar betere verhalen ken ik niet. Het alternatief is dat we het als een gegeven beschouwen dat de entropie aan het begin van het leven op aarde laag was, en het daarbij laten.[7]

Onze leidraad in dezen is de door Clausius geformuleerde wet $\Delta s \geq 0$, die Boltzmann vervolgens is gaan uitpluizen. Nadat we die wet, toen we op zoek gingen naar de algemene wetten van de wereld, uit het oog zijn verloren, komen we die nu weer tegen als mogelijk gevolg van perspectief voor speciale deelverzamelingen. Daar pakken we de draad weer op.

11

Waar specificiteit toe leidt

Waarom verstrengelen de hoge pijnboom
en de witte populier hun takken om ons
hun gastvrije schaduw te bieden?
Waarom tracht het jachtige beekje
ijlings voort te schieten langs de kronkelige oever?
Horatius, *Oden*, II, 3

HET IS ENTROPIE, NIET ENERGIE, DIE DE WERELD VOORTSTUWT

Op school vertelden ze dat de wereld draait op energie. We moeten die energie zelf opwekken, bijvoorbeeld met behulp van petroleum, de zon of kernenergie. Energie zorgt ervoor dat motoren draaien, dat planten groeien en dat wij 's ochtends monter opstaan.

Maar er klopt iets niet. Energie – dat vertelden ze ook op school – blijft behouden. Die wordt niet gecreëerd en ook niet vernietigd. En als die behouden blijft, waarom hebben we dan steeds weer nieuwe energie nodig? Waarom gebruiken we niet steeds dezelfde? De waarheid is dat er energie in overvloed is, en dat die niet wordt opgebruikt. Het is niet energie die de wereld voortstuwt, maar lage entropie.

Energie (of die nu mechanisch, chemisch, elektrisch of potentieel is) wordt omgezet in thermische energie, oftewel in warmte, gaat vervolgens over op koude dingen en is dan op geen enkele manier meer terug te halen en opnieuw te gebruiken om bijvoorbeeld een plant te laten groeien of een motor te laten draaien. Tijdens dit proces blijft de energie gelijk, maar neemt de entropie toe, en die toename is onomkeerbaar, zo leert het tweede principe van de thermodynamica.

De wereld draait niet op energiebronnen, maar op lage-entropiebronnen. Zonder lage entropie zou energie 'verwateren' tot uniforme warmte en zou de wereld terugkeren naar een toestand van thermisch evenwicht, waarin er geen onderscheid is tussen verleden en toekomst, en er niets gebeurt.

Dicht bij de aarde hebben we een rijke bron van lage entropie: de zon. De zon stuurt ons warme fotonen. De aarde straalt vervolgens warmte uit naar de donkere hemel door koudere fotonen uit te zenden. De binnenkomende energie is min of meer gelijk aan de uitgaande energie, en dus winnen we in die uitwisseling geen energie (als we die wél zouden winnen, zou dat desastreus voor ons zijn: dat betekent namelijk opwarming van de aarde). Voor elk warm foton dat binnenkomt, zendt de aarde een tiental koude fotonen uit, want een warm foton van de zon heeft dezelfde energie als een tiental koude fotonen van de aarde. Het warme foton heeft echter minder entropie dan de tien koude fotonen, omdat het aantal configuraties van één enkel (warm) foton lager is dan het aantal configuraties van tien (koude) fotonen samen. De zon is derhalve een zeer rijke, voortdurende bron van lage entropie voor ons – en die lage entropie stelt planten en dieren in staat te groeien, en stelt ons in staat motoren, steden en gedachten te ontwikkelen en boeken te schrijven.

Hoe komt de zon aan die lage entropie? Die is het gevolg van het feit dat de zon op haar beurt is ontstaan uit een configuratie met nóg minder entropie: de primordiale gaswolk waaruit het zonnestelsel is gevormd. En zo kun je steeds verder teruggaan, tot aan de zeer lage entropie aan het begin van het universum.

De toename van de entropie van het universum is de motor achter de Grote Geschiedenis van de kosmos.

Maar de toename van de entropie in het universum gaat niet zo snel als de plotselinge expansie van een gas in een vat: ze verloopt geleidelijk en kost tijd. Zelfs met een gigantische lepel kost het tijd om iets zo groots als het universum door te roeren. Vooral omdat de toename van de entropie wordt belemmerd door allerlei obstakels, dichte deuren en moeilijk begaanbare doorgangen.

Zo heeft hout dat op een houtstapel ligt bijvoorbeeld geen erg hoge entropie, omdat de elementen waaruit hout bestaat, zoals koolstof en waterstof, op een zeer specifieke ('geordende') manier met elkaar zijn gecombineerd. De entropie neemt toe als die specifieke combinaties worden ontbonden. Dat gebeurt wanneer het hout brandt: de elementen van de speciale structuren die het hout vormen, vallen uiteen en de entropie neemt abrupt toe (vuur is dan ook een onomkeerbaar proces). Maar hout begint niet zomaar uit zichzelf te branden. Het blijft lang in zijn toestand van lage entropie, totdat iets een deur opent die het in staat stelt in een toestand van hogere entropie over te gaan. Een houtstapel is weliswaar een onstabiele toestand, net als een kaartenhuis, maar zolang er niet iets is wat hem doet instorten, stort hij niet in. Dat iets kan bijvoorbeeld een lucifer zijn die een vlam veroorzaakt. De vlam is een proces dat een doorgang opent waarlangs het hout in een hogere toestand van entropie kan overgaan.

Obstakels die de toename van entropie bemoeilijken en dus vertragen vind je overal in het universum. Zo was het universum zo'n half miljoen jaar na de oerknal in wezen een immens gas van waterstof en helium. De entropie van dat gas nam toe vanwege de door de zwaartekracht veroorzaakte samentrekking en klontering van dat gas, waardoor melkwegstelsels en sterren ontstonden. Een samengetrokken gaswolk heeft namelijk een hogere entropie dan een ijle gaswolk.[1] Maar om samen te trekken hebben dergelijke wolken, omdat ze groot zijn, miljoenen jaren nodig. Vervolgens nam de entropie opnieuw toe door het proces van kernfusie in sterren, waardoor uit waterstof via helium alle zwaardere elementen zijn gemaakt (tot ijzer). Het eerste entropieverhogende proces, de samentrekking van het oorspronkelijke gas van waterstof en helium dat de kosmos vulde, was dus tevens een doorgang naar het tweede entropieverhogende proces, namelijk het ontstaan van de zwaardere elementen door kernfusie in sterren.

De hele geschiedenis van het universum bestaat uit dit met horten en stoten toenemen van de entropie in de kosmos. Die toename is snel noch eenvormig, want dingen blijven steken in bassins van lage entropie (de houtstapel, de waterstofwolk...) totdat 'iets' zich erin mengt en de deur opent naar een proces dat de entropie in staat stelt toe te nemen. Die entropietoename opent dan soms weer nieuwe deuren, waardoor de entropie nog verder toeneemt. Een dam in de bergen houdt bijvoorbeeld water tegen totdat hij door de tand des tijds zo wordt aangetast dat het water met kracht het dal in stroomt, waardoor de entropie toeneemt. Tijdens dat hobbelige traject blijven kleine dan wel grote delen universum soms zeer lange tijd onafgebroken geïsoleerd in een relatief stabiele toestand.

Levende wezens zijn opgebouwd uit vergelijkbare processen die elkaar in gang zetten. Planten nemen via fotosynthese laagentropische fotonen van de zon op. Dieren en mensen voeden zich al etend met lage entropie – als we genoeg hadden aan energie, zouden we allemaal wel naar de warme Sahara gaan in plaats van te eten. Het complexe netwerk van chemische processen binnen een levende cel vormt een structuur die deuren opent, dan wel sluit, die de toename van lage entropie mogelijk maken. Moleculen functioneren als katalysatoren die processen in staat stellen elkaar in gang te zetten, maar ze kunnen die ook afremmen. De entropietoename in elk afzonderlijk proces maakt dat het geheel functioneert. Dit is het leven: een netwerk van processen van entropietoename die als elkaars katalysator fungeren.[2] Het is niet waar, zoals soms wordt gezegd, dat het leven bijzonder geordende structuren genereert, of de entropie plaatselijk doet afnemen: het is simpelweg een proces dat wordt gevoed door de lage entropie van voedsel; het is autogestructureerde chaos, net als de rest van het universum.

Ook de meest banale verschijnselen worden geregeerd door de tweede wet van de thermodynamica. Een steen valt op de grond. Waarom? Je leest vaak dat het is omdat de steen zich verplaatst naar de 'de laagste energietoestand', die beneden is. Maar waarom zou de steen zich naar de laagste energietoestand moeten verplaatsen? Waarom zou hij energie moeten verliezen, als energie behouden blijft? Het antwoord luidt dat als de steen de aarde raakt, hij die verwarmt: zijn mechanische energie wordt omgezet in warmte, en dan is er geen weg meer terug, Als de tweede wet van de thermodynamica niet bestond, als er geen warmte bestond, als er geen microscopisch gekrioel bestond, dan zou de steen blijven stuiteren en nooit tot stilstand komen.

Het is entropie, niet energie, die ervoor zorgt dat stenen op de grond blijven liggen en dat de wereld functioneert.

Het hele kosmische wordingsproces is een geleidelijk proces van ongeordendheid. Denk aan het spel kaarten dat geordend begon en door schudden ongeordend raakte. Er zijn geen immense handen die het universum schudden, het universum schudt zichzelf, door de interacties tussen zijn delen, die zich in de loop van het schudden gaandeweg ontsluiten en weer sluiten. Grote gebieden blijven gevangen in configuraties die geordend blijven, en vervolgens openen zich hier en daar nieuwe doorgangen waarlangs de wanorde zich verspreidt.[3]

Dat wat de gebeurtenissen op de wereld doet plaatsvinden, wat de geschiedenis van de wereld schrijft, is de onherroepelijke vermenging van alle dingen, die gaat van luttele geordende configuraties naar talloze ongeordende configuraties. Het hele universum is als een berg die langzaam instort. Als een structuur die geleidelijk aan afbrokkelt.

Deze dans van toenemende entropie, die wordt gevoed door de

lage uitgangsentropie van de kosmos, is de échte dans van Shiva, de vernietiger.

SPOREN EN OORZAKEN

Het feit dat de entropie in het verleden laag was, heeft een belangrijk gevolg dat cruciaal is voor het onderscheid tussen verleden en toekomst en dat alom aanwezig is: de sporen die het verleden achterlaat in het heden.

Sporen zijn er overal. Kraters op de maan getuigen van inslagen in het verleden. Fossielen tonen ons de vorm van levende wezens uit het verleden. Telescopen laten ons zien hoe melkwegstelsels er in een ver verleden uitzagen. Boeken vertellen ons over onze voorbije geschiedenis. In onze hersenen wemelt het van de herinneringen.

Er bestaan *uitsluitend* sporen uit het verleden, geen sporen uit de toekomst, en wel omdat de entropie in het verleden laag was. Dat is de enige reden. Het verschil tussen verleden en toekomst is louter het gevolg van voorbije lage entropie.

Om een spoor achter te laten is het nodig dat iets stilvalt, ophoudt te bewegen, en dat kan alleen met een onomkeerbaar proces, dat wil zeggen als energie wordt gedegradeerd tot warmte. Daarom worden computers warm, worden hersenen warm, wordt de maan warm als er meteorieten op vallen en werd zelfs het papier warm waarop de ganzenveren van de middeleeuwse kopiisten in benedictijnerkloosters hun inkt achterlieten. In een wereld zonder warmte komt iets neer en stuit weer op zonder een spoor na te laten.[4]

Het is de aanwezigheid van overvloedige hoeveelheden sporen uit het verleden die het bekende gevoel genereert dat het verleden vastligt. De afwezigheid van gelijksoortige sporen uit de toekomst genereert het gevoel dat de toekomst openligt. Het bestaan van sporen maakt dat onze hersenen wel kunnen beschikken over uitgebreide 'kaarten' van voorbije gebeurtenissen, maar niet over iets gelijksoortigs voor toekomstige gebeurtenissen. Daardoor hebben we het gevoel dat we in de wereld vrijelijk actie kunnen ondernemen, dat we kunnen kiezen uit verschillende toekomsten, maar dat we geen invloed kunnen uitoefenen op het verleden.

In de loop van de evolutie hebben er zich in onze hersenen een hoop mechanismen ontwikkeld waarvan we ons niet direct bewust zijn ('Ik weet niet waarom ik zo treurig ben' zegt Antonio in *De koopman van Venetië*) teneinde berekeningen te kunnen maken met betrekking tot mogelijke toekomsten: dat noemen wij 'besluiten'. En aangezien ze alternatieve mogelijke toekomsten uitwerken die zouden volgen als het heden exact zou zijn zoals het is, op één detail na, vinden we het logisch te denken in termen van 'oorzaken' die voorafgaan aan 'gevolgen': de oorzaak van een toekomstige gebeurtenis is een zodanige voorbije gebeurtenis dat de toekomstige gebeurtenis zich niet zou hebben voorgedaan in een wereld waarin alles hetzelfde zou zijn behalve die oorzaak.[5]

Wij ervaren het begrip oorzaak als asymmetrisch in de tijd: oorzaak gaat vooraf aan gevolg. Met name wanneer we menen dat twee gebeurtenissen 'dezelfde oorzaak hebben', ligt deze gemeenschappelijke oorzaak[6] voor ons in het verleden, niet in de toekomst: als twee tsunamigolven gelijktijdig twee buureilanden overspoelen, dan denken we dat er *in het verleden* een gebeurtenis heeft plaatsgevonden die beide heeft veroorzaakt, niet in de toekomst. En dat is niet omdat er een magische kracht bestaat van 'veroorzaking' vanuit het verleden richting toekomst. Het is omdat de onwaarschijnlijkheid van een correlatie tussen twee gebeurtenissen iets onwaarschijnlijks vereist, en die waarschijnlijkheid kan uitsluitend worden geleverd door de lage entropie van het verleden. Wat anders zou dat kunnen? Met andere woorden, het bestaan van gemeenschappelijke oorzaken in het verleden is niets anders dan een manifestatie van de voorbije lage entropie. In een toestand van thermisch evenwicht, of in een zuiver mechanisch systeem, is er geen door veroorzaking bepaalde tijdrichting.

In de wetten van de fundamentele natuurkunde wordt niet gesproken over oorzaken, maar alleen over regelmatigheden die symmetrisch zijn ten opzichte van verleden en toekomst. In een beroemd artikel merkt Bertrand Russell op: 'De wet van de causaliteit [...] is een relict uit een voorbije tijd dat net als de monarchie alleen overleeft omdat men abusievelijk verondersteld dat het geen kwaad kan.'[7] Hij overdrijft, want het feit dat er geen 'oorzaken' zijn *op elementair niveau* is geen afdoende reden om het begrip oorzaak obsoleet te verklaren:[8] op fundamenteel niveau zijn er ook geen katten, maar dat wil niet zeggen dat we ons niet langer met katten bezighouden. De lage entropie van het verleden maakt 'oorzaak' tot een werkbaar begrip.

Maar herinnering, oorzaak en gevolg, stromen, bepaaldheid van het verleden en onbepaaldheid van de toekomst zijn niets anders dan namen die we geven aan de consequenties van een statistisch feit: de onwaarschijnlijkheid van een voorbije toestand van het universum.

Oorzaken, herinneringen, sporen, de hele geschiedenis van het gebeuren van de wereld, dat zich niet alleen in de eeuwen en millennia van de geschiedenis van de mensheid ontrolt, maar ook in de miljarden jaren van de Grote Geschiedenis van de kosmos, dat alles komt simpelweg voort uit het feit dat de configuratie van de dingen enige miljarden jaren geleden 'specifiek' was.[9]

En 'specifiek' is een relatief begrip: iets is specifiek ten opzichte van een bepaald perspectief. Van een onscherpte. Die op haar beurt wordt bepaald door de interacties die een fysisch systeem aangaat met de rest van de wereld. Oorzaken, herinneringen, sporen, de hele geschiedenis van het gebeuren van de wereld, kunnen dus alleen maar perspectivisch zijn, zoals ook het wentelen van de hemel een effect is van de specifieke manier waarop wij naar de wereld kijken. De studie van de tijd voert ons kortom onherroepelijk terug naar... onszelf.

12

De geur van de madeleine

Gelukkig en meester over zichzelf is
hij die elke dag kan zeggen:
'Ik heb geleefd.' God mag de hemel
morgen in donkere wolken hullen
of vullen met heldere zon: het verleden
verandert hij niet, noch is hij bij machte
te herroepen wat het vliedende uur
ons heeft toebedacht.

Horatius, *Oden*, III, 29

Laten we het dus over onszelf hebben en over de rol die wij spelen met betrekking tot de aard van de tijd. Laat ik beginnen met de vraag: wat zijn 'wij' menselijke wezens? Entiteiten? Maar de wereld bestaat niet uit entiteiten, die bestaat uit gebeurtenissen die zich met elkaar verbinden. Dus wat ben 'ik' dan?

In *De vragen van Milinda*, een in het Pali geschreven boeddhistische tekst uit de eerste eeuw van onze jaartelling, beantwoordt Nāgasena de vragen van koning Milinda, en ontkent daarbij dat hij als entiteit bestaat:[1]

Koning Milinda zegt tegen de wijze Nāgasena: 'Hoe wordt u genoemd, wat is uw naam, heer?' 'Nāgasena word ik genoemd, koning [...]. Het is maar een aanduiding, een aanroep, een concept, een manier van uitdrukken, alleen maar een naam, dit Nāgasena, want een persoon is hierbij niet te vinden.'

De koning is verbaasd over die zo buitenissige bewering:

> Heer, als er geen persoon is te vinden, wie dan wel geeft u de rekwisieten van monnikspijen en aalmoezen? [...] Wie neemt de regels van goed gedrag in acht? [...] Wie begaat doodslag, wie diefstal, wie leidt een liederlijk leven, wie liegt? [...] Wel, dan is er ook geen dader van goede daden of een aanstichter daartoe. [...] Wie is dan die Nāgasena?

en voert aan dat het subject over een daadwerkelijk bestaan dient te beschikken, een bestaan dat niet te reduceren valt tot zijn componenten:

> Zijn uw nagels, tanden, huid, vlees, pezen, beenderen of uw botten Nāgasena? [...] Is gevoel, of waarneming, of de neigingen, of het bewustzijn Nāgasena?

De wijze antwoordt dat 'Nāgasena' dat inderdaad allemaal niet is, en de koning lijkt gelijk te krijgen: als Nāgasena dat allemaal niet is, dan moet hij dus iets anders zijn, en dat andere moet dan het subject Nāgasena zijn, dat dus bestaat.

Maar de wijze werpt hem zijn eigen argumentatie voor de voeten en bevraagt hem over een wagen.

> 'Is de disselboom de wagen, koning?' 'Dat niet heer.' 'Is de as de wagen?' 'Dat niet heer.' 'Zijn de wielen, of de carrosserie, de banier, het trektuig, de teugels, de zweep de wagen?' 'Dat niet heer.' 'Maar koning, is dan de disselboom-as-wielen-carrosserie-banier-trektuig-teugels-zweep samen de wagen?'

En de koning antwoordt voorzichtig dat 'wagen' uitsluitend refereert aan de betrekkingen tussen, en met, het geheel van disselboom, as, wielen, carrosserie, banier, trektuig, teugels en zweep en hun gezamenlijk functioneren ten opzichte van ons, en dat er los van die relaties en gebeurtenissen geen entiteit 'wagen' bestaat. Nāgasena triomfeert: net als 'wagen' is 'Nāgasena' niet meer dan een verzameling relaties en gebeurtenissen.

We zijn in ruimte en tijd samengestelde en beperkte processen, gebeurtenissen.

Maar als we geen individuele entiteiten zijn, waar stoelt onze identiteit, onze eenheid dan op? Wat maakt dat ik Carlo ben, en dat ik zowel mijn haren en mijn teennagels, als mijn ergernissen en mijn dromen beschouw als een deel van mezelf, en dat ik mezelf dezelfde Carlo vind als die van gisteren, dezelfde als die van morgen, die denkt, lijdt en waarneemt?

Onze identiteit stoelt op verschillende ingrediënten. Drie daarvan zijn relevant voor het thema van dit boek:

1

Het eerste is dat ieder van ons samenvalt met een bepaald *gezichtspunt* ten opzichte van de wereld. De wereld wordt in ieder van ons weerspiegeld door middel van een rijk gamma aan correlaties die essentieel zijn voor ons overleven.[2] Ieder van ons is een complex proces dat de wereld weerspiegelt en er op strikt geïntegreerde wijze de informatie van verwerkt.[3]

2

Het tweede ingrediënt waarop onze identiteit stoelt, is dat wat ook voor de wagen geldt. We beschouwen de wereld door een aaneenschakeling van min of meer uniforme en stabiele processen naar beste kunnen te hergroeperen en in kleinere stukken op te delen zodat we daar beter mee kunnen interageren. We hergroeperen een verzameling rotsen tot een entiteit die we Mont Blanc noemen, en beschouwen die als een eenheid. We trekken lijnen in de wereld en delen haar op; we stellen grenzen vast, en na de wereld in stukken te hebben opgedeeld eigenen we ons die toe. Op die manier functioneert de structuur van ons zenuwstelsel. Het zenuwstelsel krijgt input van de zintuigen, verwerkt die informatie continu en genereert zo gedrag. Dat gebeurt door middel van neurale netwerken die flexibele dynamische systemen vormen die continu veranderen in een poging de binnenkomende informatiestroom daar waar mogelijk te voorspellen.[4] Om dat te kunnen doen evolueren neurale netwerken door min of meer stabiele evenwichtspunten van hun dynamica te koppelen aan terugkerende patronen die ze aantreffen in de binnenkomende informatie, of ze doen dat indirect, tijdens de verwerking ervan. Dit is het beeld dat lijkt op te rijzen uit het huidige bruisende onderzoek op het gebied van de hersenen.[5] Als dat zo is, dan zijn 'dingen', net als 'concepten', evenwichtspunten in de neurale dynamica, die worden opgewekt door steeds terugkerende structuren in de input van de zintuigen en het daaropvolgende verwerkingsproces. Ze weerspiegelen een combinatie van aspecten van de wereld die afhangen van terugkerende structuren in de wereld en van de relevantie van de interactie die ze met ons aangaan. Zo zit een wagen in elkaar. Hume zou tevreden zijn geweest met de vorderingen op het gebied van ons begrip van de hersenen.

Wat we met name doen, is het tot één samenhangend beeld hergroeperen van het geheel aan processen waaruit de levende organismen bestaan die we kennen als de *andere* menselijke wezens, want ons leven is sociaal en dus gaan we veel interacties aan met andere menselijke wezens, die voor ons uiterst relevante knopen van oorzaak en gevolg vormen. We hebben ons een idee gevormd van 'menselijk wezen' door met onze soortgenoten te interageren. Ik denk dat daar het beeld vandaan komt dat we van onszelf hebben, en niet van introspectie. Als we aan onszelf denken als 'persoon', dan geloof ik dat we op onszelf dezelfde mentale circuits toepassen als die welke we hebben ontwikkeld om met onze medemensen om te gaan. Het eerste beeld dat ik van mezelf heb als kind, is het kind zoals mijn moeder dat zag. Wij zijn in onze eigen ogen in hoge mate dat wat we van onszelf weerspiegeld zien – en hebben gezien – in onze vrienden, geliefden en vijanden.

Het vaak aan Descartes toegeschreven idee dat bóvenaan in onze beleving het besef staat dat we denken en dus bestaan, overtuigt me niet (Descartes' uitspraak *Cogito ergo sum*, ik denk dus ik ben, wordt namelijk voorafgegaan door *Dubito ergo cogito*, ik twijfel dus ik denk. Het uitgangspunt van Descartes' redenering is geen hypothetisch basaal a priori van de beleving te bestaan als denkend mens, maar eerder een rationalistische reflectie a posteriori van het traject dat de mens er *eerder* toe bracht te twijfelen: omdat hij heeft getwijfeld, garandeert de rede hem dat wie twijfelt, denkt, en dat hij dus bestaat. Het betreft een reflectie die in de grond plaatsvindt in de derde persoon en niet in de eerste persoon. Descartes gaat uit van de systematische twijfel van de onderlegde en verfijnde intellectueel, niet van de elementaire beleving van de denkende mens). Het feit dat de mens zichzelf ziet als denkend ik is geen primaire beleving: het is een complexe culturele deductie waar een wereld van denkwerk aan vooraf is gegaan. Mijn primaire beleving – als dat al iets betekent – is het feit dat ik de wereld rondom me zie, maar mezelf niet. Ik denk dat wij alleen maar een idee van 'onszelf' hebben omdat we op een zeker moment leren het idee mens te zijn, medemens te zijn, op onszelf te projecteren, en dat de evolutie ons ertoe heeft gebracht dat idee in de loop van millennia te ontwikkelen opdat we met de andere leden van onze groep konden omgaan. We zijn de weerspiegeling van het idee van onszelf dat we bij onze soortgenoten waarnemen.

3

Maar er is nog een derde ingrediënt waar onze identiteit op stoelt, en dat is waarschijnlijk het meest essentiële, het ingrediënt dat maakt dat deze lastige discussie ter sprake komt in een boek over de tijd: onze herinnering.

We zijn een verzameling onafhankelijke processen, op opeenvolgende momenten. Elk moment van ons bestaan is door onze herinnering met een bijzondere driedubbele draad verbonden met ons verleden – het recente én het verre verleden. In ons heden krioelt het van de sporen van ons verleden. Wij zijn *geschiedenissen* voor onszelf. Verhalen. Ik ben niet die bonk vlees die op dit moment op de bank ligt en de letter 'a' typt op zijn laptop, nee, ik ben mijn gedachten die vol sporen zitten van de zin die ik nu opschrijf, ik ben de liefkozingen van mijn moeder, de liefdevolle kalmte waarmee mijn vader me heeft opgevoed, ik ben de reizen die ik als jonge jongen maakte, alles wat ik las en wat zich in mijn hersens heeft opgestapeld, ik ben mijn verliefdheden, mijn wanhoopsmomenten, mijn vriendschappen, de dingen die ik heb opgeschreven, heb gehoord, de gezichten die zich in mijn herinnering hebben vastgezet. En voor alles ben ik datgene wat zich een minuut geleden een kop thee inschonk. Datgene wat een minuut geleden het woord 'herinnering' typte. Datgene wat net nog nadacht over de zin die ik nu afmaak. Als dat allemaal verdween, zou ik dan nog bestaan? Ik ben de lange roman die mijn leven is.

Onze herinnering voegt de over de tijd verspreide processen waaruit wij bestaan samen. In die zin bestaan wij in de tijd. Daarom ben ik nog steeds wie ik gisteren was. Onszelf begrijpen betekent nadenken over de tijd. En de tijd begrijpen betekent nadenken over onszelf.

In een boek uit 2017, dat gewijd is aan het onderzoek naar de werking van onze hersenen, *Your Brain is a Time Machine*,[6] worden de vele manieren behandeld waarop onze hersenen omgaan met het verstrijken van de tijd en bruggen slaan tussen verleden, heden en toekomst. Onze hersenen zijn vooral een mechanisme dat herinneringen uit het verleden verzamelt om daarmee continu de toekomst te voorspellen. Dat voltrekt zich op allerlei verschillende tijdschalen, van heel korte (als iemand een voorwerp naar ons gooit zal onze hand om dat te kunnen vangen behendig naar de plek gaan waar dat voorwerp over een paar seconden zal aankomen: de hersenen hebben met gebruikmaking van voorbije indrukken razendsnel de toekomstige positie berekend van het voorwerp dat onze kant op vliegt) tot heel lange (we planten een zaadje opdat er graan zal groeien, of we investeren in wetenschappelijk onderzoek omdat ons dat in de toekomst technologie en kennis kan opleveren). Het is zonneklaar dat het feit dat we de toekomst tot op zekere hoogte kunnen voorspellen onze overlevingskansen doet toenemen, en dus heeft de evolutie juist díe neurale structuren geselecteerd, en daar zijn wij het resultaat van. Dat leven op de grens tussen voorbije en toekomstige gebeurtenissen staat centraal in onze mentale structuur. Dat is voor ons het stromen van de tijd.

Er zijn basisstructuren in de bedrading van ons zenuwstelsel die beweging meteen registreren: een voorwerp dat op één plek opduikt en meteen daarna op een andere, genereert niet twee aparte signalen die niet-synchroon naar de hersenen gaan, maar één enkel signaal, en dat komt omdat we kijken naar een bewegend ding. Met andere woorden, dat wat we waarnemen is niet het heden (hetgeen sowieso nergens op zou slaan bij een systeem dat werkt op eindige tijdschalen), maar iets wat voorvalt én zich uitstrekt in de tijd. In onze hersenen wordt een uitgebreidheid in de tijd samengebald tot een waarneming van 'duur'.

Die intuïtie is iets oerouds. Beroemd zijn de beschouwingen daarover van Augustinus. In het elfde boek van zijn *Belijdenissen* stelt hij zichzelf vragen over de aard van de tijd en geeft hij een heldere analyse van ons vermogen om tijd te ervaren – alleen jammer dat zijn tekst vol staat met de uitroepen die zo kenmerkend zijn voor predikers van het evangelie, maar die mij nogal storen. Hij stelt dat we ons altijd in het heden bevinden omdat het verleden voorbij is en er dus niet is, en de toekomst nog moet komen en er dus ook niet is. En hij vraagt zich af hoe we ons bewust kunnen zijn van duur, en daar zelfs een waarde aan kunnen toekennen, als we ons altijd alleen maar in het heden bevinden, dat per definitie momentaan is. Hoe kunnen we zo duidelijk weet hebben van het verleden, van de tijd, als we ons altijd alleen maar in het heden, in het hier en nu bevinden, en verleden en toekomst niet bestaan? Waar bevinden we ons? De conclusie van Augustinus luidt: we zijn in onszelf.

> In u, mijn geest, meet ik de tijden. [...] De indruk die de dingen in hun voorbijgaan op u maken en die na hun voorbijgaan blijft, die indruk, die tegenwoordig is, is wat ik meet, niet de dingen, die voorbij zijn gegaan en die de indruk ten gevolge hebben. Die indruk meet ik, wanneer ik de tijden meet. De tijden zijn derhalve die indruk, of wat ik meet zijn geen tijden.[7]

Het idee is overtuigender dan het op het eerste gezicht lijkt. We kunnen zeggen dat we 'duur' meten met een klok. Maar om dat te doen moet je op twee verschillende momenten op de klok kijken, en dat kan niet omdat wij ons altijd slechts in één moment bevinden, nooit in twee. In het heden zien we alleen het heden; we kunnen dingen zien die we interpreteren als *sporen* van het verleden, maar tussen het zien van sporen van het verleden en het waarnemen van het verstrijken van de tijd zit een wezenlijk verschil, en Augustinus beseft dat de bron van dat verschil, het bewustzijn van het feit dat tijd voorbijgaat, ín onszelf zit. Het is deel van onze geest. Het zijn de sporen van het verleden in onze hersenen.

Augustinus' fraaie betoog is gebaseerd op muziek. Als we naar een hymne luisteren, wordt de gewaarwording van geluid geleverd door de voorafgaande én de komende klanken. Muziek bestaat alleen bij de gratie van de tijd, maar als wij ons op elk moment alleen in het heden bevinden, hoe kunnen we die dan horen? Dat komt – zegt Augustinus – omdat ons bewustzijn stoelt op herinnering en op anticipatie. Een hymne of een lied zijn op een of andere manier als één geheel aanwezig in onze geest en worden bijeengehouden door iets wat voor ons 'tijd' is. Dát is dus tijd: die bevindt zich geheel en al in het heden, in onze geest, als herinnering en als anticipatie.

Het idee dat tijd alleen in de geest kan bestaan is zeker niet leidend geworden in het christelijk denken. Sterker nog, het is een van de in 1277 door de bisschop van Parijs, Étienne Tempier, tot expliciet ketters veroordeelde stellingen. Op diens lijst van veroordeelde stellingen staat:

*Quod evum et tempus nichil sunt in re,
sed solum in apprehensione.* [8]

Oftewel: '[Het is ketterij te beweren dat] eeuwigheid en tijd niet bestaan in de realiteit, maar alleen in de geest.' Misschien dat ik in mijn boek neig naar ketterij, maar aangezien Augustinus nog steeds als heilige wordt beschouwd, denk ik dat ik me geen zorgen hoef te maken: het christendom is flexibel...

Het lijkt makkelijk Augustinus voor de voeten te werpen dat de sporen van het verleden die hij in zichzelf aantreft daar uitsluitend kunnen zijn omdat ze een reële structuur van de wereld buiten hem weerspiegelen. Zo beweert Willem van Ockham in de veertiende eeuw in zijn *Philosophia Naturalis* dat de mens zowel de bewegingen van de hemel waarneemt als die in hemzelf, en dat hij de tijd dus waarneemt door middel van zijn co-existentie met de wereld. Eeuwen later hamert Husserl – terecht – op het onderscheid tussen fysische tijd en 'innerlijk bewustzijn van tijd': voor een rechtgeaard naturalist die niet wil verdrinken in de zinloze maalstroom van het idealisme, komt de fysische wereld op de eerste plaats, en wordt het bewustzijn (geheel los van hoeveel we daarvan begrijpen) daar vervolgens door bepaald. Het is een volkomen redelijke stellingname, zolang de natuurkunde ons verzekert dat het verstrijken van de tijd buiten onszelf reëel en universeel is, en consistent met onze intuïties. Maar als de natuurkunde ons laat zien dat een dergelijke tijd *geen* wezenlijk deel uitmaakt van de fysische werkelijkheid, kunnen we Augustinus' observatie dan nog steeds terzijde schuiven, en afdoen als irrelevant voor de aard van de tijd?

De intuïtie dat tijd eerder *intern* is dan *extern* keert herhaaldelijk terug in het westerse filosofische denken. In zijn *Kritiek van de zuivere rede* bespreekt Kant de aard van ruimte en tijd, die hij ziet als a priori vormen van kennis, dat wil zeggen als iets wat niet zozeer betrekking heeft op de objectieve wereld, als wel op de manier waarop die door het subject wordt waargenomen en geordend. Maar hij merkt ook op dat waar ruimte een vorm is van *externe* gewaarwording, te weten de manier om orde aan te brengen in de dingen die we zien in de wereld *buiten* ons, tijd een vorm is van *interne* gewaarwording, oftewel onze manier om *interne* toestanden te ordenen, binnen in ons. Wederom wordt de basis van de tijdstructuur van de wereld gezocht in iets wat strikt gerelateerd is aan de werking van ons denken. De observatie blijft relevant, ook zonder dat je daarvoor verstrikt hoeft te raken in het transcendentale idealisme van Kant.

We horen Augustinus doorklinken in Husserl als laatstgenoemde de vorming die voorafgaat aan de beleving omschrijft als 'retentie', waarbij hij net als Augustinus gebruikmaakt van de metafoor van het beluisteren van muziek (zij het dat de wereld profaner is geworden en Husserl inmiddels is overgestapt van de hymne op de melodie).[9] Op het moment dat we een noot horen, wordt de voorafgaande noot vastgehouden in het bewustzijn (retentie), en vervolgens wordt de retentie ervan vastgehouden, en zo verder, waardoor het heden allengs onscherpere sporen van het verleden bevat.[10] Deze retentie is wat volgens Husserl maakt dat fenomenen 'de tijd vormen'. Het diagram hieronder is van hem: de horizontale as AE is de tijd die voorbijgaat, de verticale as EA' is de 'retentie' op moment E,

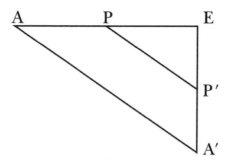

en het progressieve 'verzinken' gaat van A naar A'. Fenomenen vormen de tijd omdat P' en A' bestaan op moment E. Het interessante is dat volgens Husserl de bron van de fenomenologie van de tijd niet gelegen is in de hypothetische objectieve opeenvolging van fenomenen (de horizontale lijn), maar in het geheugen (en tegelijkertijd ook in de anticipatie, die Husserl 'protentie' noemt), te weten op de verticale lijn van het diagram hierboven. Het punt dat ik hier wil onderstrepen is dat dit (binnen een naturalistische filosofie) ook geldt in een fysische wereld waarin geen globaal langs een lijn geordende fysische tijd bestaat, doch uitsluitend door entropieverandering gegenereerde sporen.

In het spoor van Husserl schrijft Heidegger dat 'de tijd zich alleen vertijdelijkt in de mate waarin er menselijke wezens zijn'[11] – al moet ik zeggen dat ik met mijn voorliefde voor de heldere en transparante taal van Galilei moeite heb om Heideggers moedwillig obscure taal goed te begrijpen. Ook in zijn ogen is tijd de tijd van de mens, tijd om te doen, tijd voor datgene wat de mens bezighoudt. Ook al zal Heidegger, daar hij alleen geïnteresseerd is in wat het zijn betekent voor de mens (voor 'de entiteit die zich de vraag van het "zijn" stelt')[12], uiteindelijk concluderen dat het interne bewustzijn van de tijd de horizon is van het zijn.

Deze intuïties over de mate waarin tijd inherent is aan het subject blijven ook van betekenis in de context van een rechtgeaard naturalisme, dat het subject beschouwt als deel van de natuur en er niet voor terugdeinst te praten over de 'realiteit' en die te bestuderen – zij het in het besef dat alles wat tot onze kennis en onze intuïtie doordringt radicaal wordt gefilterd door de wijze van functioneren van het beperkte instrument dat onze van die realiteit deel uitmakende geest nu eenmaal is, en dat het dus afhankelijk is van de interactie tussen een externe wereld en de structuren waarmee de geest functioneert.

Maar met 'geest' bedoelen we het functioneren van onze hersenen. Wat we (al is het maar een beetje) beginnen te begrijpen van dit functioneren, is dat onze hersenen in hun geheel functioneren aan de hand van sporen van het verleden die zijn achtergebleven in de synapsen die neuronen met elkaar verbinden. Synapsen vormen zich aan een stuk door, bij duizenden tegelijk, en verdwijnen daarna ook weer – vooral tijdens de slaap – met achterlating van een onscherp beeld van het verleden, oftewel van hetgeen in het verleden van invloed is geweest op ons zenuwstelsel. Een onscherp beeld, zeker – denk aan al die miljoenen details die onze ogen elk ogenblik zien, en die vervolgens niet in onze herinnering blijven hangen – maar wel een beeld waarin werelden besloten liggen.

Grenzeloze werelden.

Dat zijn de werelden waarmee de verteller in de beginpagina's van *Swanns kant op*[13] tot zijn verwarring elke ochtend weer wordt geconfronteerd, op dat duizelingwekkende moment waarop het bewustzijn uit onpeilbare diepten opborrelt. Werelden die voor hem worden ontsloten als de smaak en de geur van een madeleine hem terugvoert naar het dorpje Combray, en die Proust in zijn drieduizend pagina's tellende roman beetje bij beetje in kaart brengt. Een roman, let wel, waarin geen in de echte wereld plaatsvindende gebeurtenissen worden verteld: het is het verhaal van datgene wat zich in één enkel geheugen bevindt. Van de smaak van de madeleine tot het laatste woord ('tijd') in *De tijd hervonden* is deze roman niets anders dan een ongeordende, gedetailleerde wandeling door de synapsen van de vertellers hersenen.

Daar, in die paar kubieke centimeter grijze materie, vindt Proust een grenzeloze ruimte, een onwaarschijnlijke hoeveelheid details, geuren, overwegingen, gevoelens, overdenkingen, kleuren, voorwerpen, namen, blikken, emoties... Alles in de plooien van de hersenen van de verteller. Dat is het stromen van de tijd waarmee we vertrouwd zijn: daar is het genesteld, binnen in ons, in de zo cruciale aanwezigheid van de sporen van het verleden in onze neuronen.

Proust schrijft in het eerste boek letterlijk dat 'de werkelijkheid alleen in het geheugen tot stand komt'.[14] En het geheugen, op zijn beurt, is een verzameling sporen, een indirect product van het natuurlijke streven van de wereld naar wanorde, van de al eerder genoemde vergelijking $\Delta s \geq 0$, die ons vertelt dat de toestand van de wereld in het verleden in een specifieke configuratie verkeerde en daarom sporen achterlaat. En wellicht was die alleen specifiek ten opzichte van zeldzame deelverzamelingen – waaronder wij.

Wij zijn verhalen die zich bevinden in die twintig complexe centimeters achter onze ogen, lijnen getekend door sporen die zijn achtergebleven door het 'schudden' van de dingen van de wereld, en die erop gericht zijn voorvallen te voorspellen richting toekomst, richting de toenemende entropie, in ons hoekje van dit immens grote, ongeordende universum.

Deze ruimte, het geheugen, is samen met onze voortdurende pogingen tot anticiperen, de bron van het feit dat wij tijd ervaren als tijd, en onszelf als onszelf.[15] Als we over onszelf nadenken kunnen we ons gemakkelijk voorstellen dat we bestaan zonder dat er ruimte bestaat of zonder dat er materie bestaat; maar kunnen we ons ook voorstellen dat we niet in de tijd bestaan?[16]

Door de specifieke manier waarop het fysische systeem waar we deel van uitmaken interacties aangaat met de rest van de wereld, dankzij het feit dat het sporen toelaat en omdat wij als fysische entiteiten in de eerste plaats herinnering en anticipatie zijn, opent zich voor ons het perspectief van de tijd, onze kleine, verlichte open plek:[17] de tijd die onze partiële toegang tot de wereld voor ons ontsluit.[18] De tijd is dus de vorm waarmee wij mensen, wier hersenen voor het overgrote deel bestaan uit herinnering en voorspellingen, interacties aangaan met de wereld; de tijd is de bron van onze identiteit.[19]

En van ons lijden.

Boeddha heeft het samengevat in luttele spreuken die miljoenen mensen als grondslag voor hun leven hebben aangenomen: 'Geboorte is lijden, ouderdom is lijden, ziekte is lijden, sterven is lijden, verbonden zijn met ongeliefde dingen of personen is lijden, gescheiden zijn van geliefde dingen of personen is lijden, ook niet krijgen wat men wenst is lijden.'[20] Het is lijden omdat we dat wat we hebben en waaraan we ons hechten uiteindelijk verliezen. Omdat alles wat begint uiteindelijk eindigt. Dat waar we onder lijden bevindt zich niet in het verleden en niet in de toekomst: het is nu, hier, in onze herinnering, in onze anticipaties. We haken naar atemporaliteit, we lijden onder het verstrijken van de tijd; we lijden onder de tijd. Tijd is lijden.

Zo is de tijd en daarom fascineert en verontrust die ons, en om die reden heb jij, lezer, dit boek wellicht opgepakt. Want datgene wat aan de bron staat van wat we zijn, wezens die bestaan uit tijd, is niets anders dan een wankele structuur van de wereld, een kortstondige rimpeling in het gebeuren van de wereld. Die maken dat we zijn, schenken ons de waardevolle gift van ons bestaan, stellen ons in staat die vluchtige illusie van permanentie te creëren die aan de bron van al ons lijden ligt.

In de muziek van Richard Strauss en de woorden van Hugo von Hofmannsthal wordt de tijd met smartelijke lichtheid bezongen: [21]

Ik kan me ook een meisje heugen […]
Hoe kan het waar zijn dat ik de kleine Resi ben geweest,
en dat ik ook eens de oude vrouw zal zijn […]?
Hoe doet Onze-Lieve-Heer dat toch? Terwijl ik toch steeds

dezelfde ben? En áls Hij het dan zo moet doen […] waarom houdt Hij het niet voor mij verborgen?
Dit alles is mysterieus, heel mysterieus. […] Ik heb het gevoel, dat ik de zwakte van al het tijdelijke ten volle moet ondervinden, tot in mijn hart, hoe je niets vasthouden mag, hoe je niets pakken kunt. Hoe alles wegloopt tussen je vingers door, alles vervliegt waar we naar grijpen, alles vergaat als damp en droom. […]
De tijd, dat is een wonderlijk geval. Als je zo voortleeft, is het niets en niemendal. Maar dan opeens, dan voel je niets dan tijd. Hij is om ons heen, hij is ook binnen in ons. In de gezichten vloeit hij zacht, in de spiegel, daar vloeit hij zacht, in mijn slapen stroomt hij zacht. En tussen mij en jou daar stroomt hij weer. Klankloos, als een zandloper. O, Quinquin! Soms hoor ik hem stromen – onstuitbaar. Soms sta ik op, midden in de nacht en zet de klokken alle, alle stil.

13

De bronnen van de tijd

> Of Jupiter je nu nog meerdere winters gunt, of alleen
> deze laatste,
> die nu de Tyrreense zee doet breken op de haar
> trotserende rotsen:
> wees verstandig, klaar je wijn, en hoop niet op een verre
> toekomst, want de tijd is kort.
> Horatius, *Oden*, I, 11

We zijn begonnen met het beeld van de tijd zoals we die kennen: iets wat eenvormig en gelijkmatig verstrijkt in het hele universum, en in de loop waarvan alle dingen gebeuren. In de hele kosmos bestaat een heden, een 'nu', dat de werkelijkheid is. Het verleden staat vast, is gebeurd, is hetzelfde voor iedereen. De toekomst is open en nog onbepaald. De werkelijkheid loopt van het verleden via het heden naar de toekomst, en de manier waarop dingen tussen verleden en toekomst evolueren is intrinsiek asymmetrisch. Dat, zo dachten we, is de basisstructuur van de wereld.

Dit vertrouwde beeld is afgebrokkeld; het bleek slechts de benadering van een benadering van een complexere werkelijkheid.

Er bestaat geen gemeenschappelijk heden voor het hele universum (hoofdstuk 3). De gebeurtenissen zijn niet allemaal geordend in voorbij, huidig of toekomstig: ze zijn slechts 'partieel' geordend. Dicht bij ons bestaat er een heden, maar in een ver melkwegstelsel bestaat iets als 'heden' niet. Het heden is een lokaal, geen globaal begrip.

In de fundamentele vergelijkingen waarmee de gebeurtenissen van de wereld worden beschreven komt het verschil tussen verleden en toekomst niet voor (hoofdstuk 2). Dat verschil komt louter voort uit het feit dat de wereld zich in het verleden in een toestand bevond die in onze onscherpe blik specifiek lijkt.

Lokaal verstrijkt de tijd met verschillende snelheden, afhankelijk van waar we ons bevinden en met welke snelheid we bewegen. Hoe dichter we ons bij een massa bevinden (hoofdstuk 1), of hoe sneller we ons voortbewegen (hoofdstuk 3), des te meer vertraagt de tijd: er is niet één enkele duur tussen twee gebeurtenissen, er kunnen er vele zijn.

Het tempo waarin de tijd verstrijkt wordt bepaald door het zwaartekrachtveld, dat een reële entiteit is met een eigen dynamica en wordt beschreven door de vergelijkingen van Einstein. Als we kwantumeffecten buiten beschouwing laten, dan zijn tijd en ruimte aspecten van een grote drilpudding waarin we ons bevinden (hoofdstuk 4).

Maar we leven in een kwantumwereld, en de drilpudding van ruimtetijd is zelf ook een benadering. In de elementaire grammatica van de wereld bestaat ruimte noch tijd: er zijn uitsluitend processen die fysische grootheden in andere transformeren, waarvan we waarschijnlijkheden en relaties kunnen berekenen (hoofdstuk 5).

Op het fundamentelere niveau waarmee we heden ten dage vertrouwd zijn, is er dus weinig dat lijkt op de tijd zoals we die ervaren. Er is geen speciale variabele 'tijd', er is geen verschil tussen verleden en toekomst, er is geen ruimtetijd (deel II). En toch kunnen we vergelijkingen opstellen waarmee de wereld wordt beschreven. In die vergelijkingen evolueren de variabelen ten opzichte van elkaar (hoofdstuk 8). Er is geen 'statische' wereld, en ook geen 'blokuniversum' waarin de verandering illusoir is (hoofdstuk 7): integendeel, er is een wereld van gebeurtenissen en niet van dingen (hoofdstuk 6).

Dit was de heenreis, de tocht naar een universum zonder tijd.

Op de terugreis moesten we zien te begrijpen hoe aan deze wereld zonder tijd onze gewaarwording van tijd kan ontspruiten (hoofdstuk 9). De verrassing was dat wij zelf de oorzaak zijn van het feit dat we de tijd op de ons vertrouwde manier ervaren. Vanuit óns gezichtspunt, vanuit het gezichtspunt van schepsels die een klein onderdeel van de wereld zijn, zien we de wereld voortgaan in de tijd. Onze interactie met de wereld is partieel, en daarom zien we die onscherp. Bij deze onscherpte voegt zich de kwantumvaagheid. De onwetendheid die daar het gevolg van is, leidt tot het bestaan van een bijzondere variabele, de thermische tijd (hoofdstuk 9), en van een entropie die onze onzekerheid kwantificeert.

Wellicht maken we deel uit van een bijzondere deelverzameling van de wereld die zodanig met de rest interageert dat bovengenoemde entropie in één richting van onze thermische tijd laag is. Dan is de oriëntatie van de tijd reëel, maar perspectivisch (hoofdstuk 10): de entropie van de wereld *ten opzichte van ons* neemt toe met onze thermische tijd. In deze variabele, die we eenvoudigweg 'tijd' noemen, zien we dingen geordend gebeuren, en door de toename van entropie kunnen we het verleden onderscheiden van de toekomst en ontvouwt de kosmos zich voor ons. De entropietoename zorgt voor het bestaan van sporen, resten en herinneringen uit het verleden (hoofdstuk 11). Wij menselijke wezens zijn een gevolg van deze Grote Geschiedenis van de entropietoename, met elkaar verbonden door de herinnering die bestaat bij de gratie van die sporen. Ieder van ons is unitair omdat hij de wereld weerspiegelt, omdat we ons door interacties aan te gaan met onze medemensen een beeld van unitaire entiteiten hebben gevormd, en omdat hij een door de herinnering geünificeerd perspectief op de wereld is (hoofdstuk 12). Hieruit ontstaat dat wat wij het 'stromen' van de tijd noemen. Dat is wat we horen als we de tijd horen verstrijken.

De variabele 'tijd' is een van de vele variabelen waarmee de wereld wordt beschreven. Het is een van de variabelen van het zwaartekrachtveld (hoofdstuk 4): op onze schaal kunnen we de kwantumfluctuaties ervan niet waarnemen (hoofdstuk 5), en dus kunnen we hem zien als bepaald. Denk aan het weekdier van Einstein: op onze schaal zijn de trillingen van het weekdier verwaarloosbaar klein, en daardoor kunnen we het ons dus voorstellen als een plank. Deze plank heeft richtingen, die we ruimte noemen, en óók een richting waarlangs de entropie toeneemt, en die noemen we tijd. In ons dagelijks leven bewegen we met snelheden die klein zijn ten opzichte van de snelheid van het licht, en dus merken we de discrepanties tussen de verschillende eigentijden van verschillende uurwerken niet op, en zijn de verschillen in snelheid waarmee de tijd verstrijkt op verschillende afstanden van een massa te klein om door ons onderscheiden te worden.

Zo komt het dat we, in plaats van over vele mogelijke tijden, spreken over één enkele tijd: de tijd zoals we die ervaren: eenvormig, universeel en geordend. Het is de benadering van een benadering van een benadering van een beschrijving van de wereld, die het gevolg is van het bijzondere perspectief van de mens, die zich voedt met de toename van de entropie en die verankerd is in het verstrijken van de tijd. De mens voor wie, zoals *Prediker*[1] zegt, er een tijd is om geboren te worden en een tijd om te sterven.

Voor ons is tijd een gelaagd, complex begrip met velerlei verschillende eigenschappen die voortvloeien uit verschillende benaderingen.

Veel discussies over 'tijd' zijn uitsluitend warrig omdat niet wordt onderkend dat tijd een complex en gelaagd begrip is; men maakt de fout niet in te zien dat de verschillende lagen losstaan van elkaar.

Dit is de fysische structuur van de tijd zoals ik die zie, na die een leven lang te hebben bestudeerd.

Veel delen van mijn betoog zijn gegrond, sommige zijn plausibel, andere zijn speculatief geopperd in een poging om tot een beter begrip van de materie te komen.

Bijna alles wat in deel I van het boek is uiteengezet, wordt geschraagd door talloze experimenten: de vertraging van de tijd onder invloed van hoogte en snelheid, het niet-bestaan van het heden, de relatie tussen tijd en zwaartekrachtveld, het feit dat de relaties tussen verschillende tijden dynamisch zijn en dat de fundamentele vergelijkingen geen tijdrichting kennen, de relatie tussen entropie en tijdrichting, de relatie tussen entropie en onscherpte. Dat alles is helder aangetoond.[2]

Dat het zwaartekrachtveld kwantumeigenschappen heeft is een breed gedeelde overtuiging, al wordt die vooralsnog alleen gestaafd door theoretische argumenten en niet door experimentele bewijzen.

Dat fundamentele vergelijkingen geen tijdsvariabele bevatten is plausibel (deel II), maar over de vorm van die vergelijkingen zijn verhitte discussies gaande. De oorsprong van de tijd in de kwantum-niet-commutativiteit, de thermische tijd, en het feit dat de entropietoename die we waarnemen samenhangt met onze interactie met het universum, zijn nauw samenhangende denkbeelden die me fascineren, maar ze zijn zeker niet aangetoond.

Wat echter zeer geloofwaardig is, is de aanname dat de tijdstructuur van de wereld anders is dan het naïeve beeld dat wij ervan hebben. Dat naïeve beeld is geschikt voor ons dagelijkse leven, maar niet om het universum tot in al zijn details of in al zijn uitgestrektheid te begrijpen. Naar alle waarschijnlijkheid volstaat het ook niet om onze eigen aard te begrijpen, want het mysterie van de tijd is verweven met het mysterie van onze identiteit als mens, met het mysterie van het bewustzijn.

Het mysterie van de tijd heeft ons altijd al verontrust en roept heftige emoties op. Dermate heftig dat ze de voedingsbodem vormen voor filosofieën en religies.

Ik ben het met Hans Reichenbach[3] eens dat het feit dat Parmenides de realiteit van de tijd ontkent, dat Plato zich een wereld voorstelt van ideeën die buiten de tijd bestaan en dat Hegel spreekt over het moment waarop de Geest de tijd overstijgt en zichzelf kent als het Geheel, is ingegeven door het verlangen te ontsnappen aan het gevoel van onrust dat de tijd ons bezorgt: het is om aan die onrust te ontsnappen dat we ons het bestaan van een 'eeuwigheid' hebben voorgesteld, een vreemde wereld buiten de tijd die we bevolkt zouden willen zien door goden, door een god of door onsterfelijke zielen.[4] Onze emotionele verbondenheid met de tijd heeft er, meer dan de logica en de rede, toe bijgedragen dat er talloze filosofische bouwwerken zijn opgetrokken. Het tegenovergestelde, de aanbidding van de tijd, of het nu die van Heraclitus of die van Bergson is, heeft geleid tot evenveel filosofie, maar ook die heeft er niet voor gezorgd dat we de tijd beter zijn gaan begrijpen.

De natuurkunde helpt ons om tot diepere lagen van het mysterie door te dringen. Ze toont aan dat de tijdstructuur van de wereld niet strookt met onze intuïtie. Ze geeft ons de hoop dat we de aard van de tijd kunnen bestuderen als we eenmaal zijn bevrijd van de mist die door onze emoties wordt veroorzaakt.

Maar onze zoektocht naar de tijd, die ons steeds verder bij onszelf vandaan heeft gevoerd, heeft er wellicht toe geleid dat we iets van onszelf hebben hervonden, net als Copernicus, die dacht dat hij de bewegingen van de Hemelen bestudeerde en er ten slotte achter kwam dat de aarde onder zijn voeten bewoog. Al met al is het wellicht niet onze tijdsbeleving die ons verhindert de objectieve aard van de tijd te zien. Misschien is onze tijdsbeleving juist wel datgene wat wij onder 'tijd' verstaan.

Ik denk niet dat we verder veel meer hoeven te begrijpen. We kunnen onszelf nog meer vragen stellen, maar we moeten ons hoeden voor vragen die onmogelijk goed geformuleerd kunnen worden. Wanneer we alle zegbare eigenschappen van de tijd hebben gevonden, hebben we de tijd gevonden. We kunnen ons wel in allerlei bochten wringen en trachten onze directe tijdsbeleving onder woorden te brengen voorbij het zegbare ('Ja, maar waarom "verstrijkt" hij?'), maar ik denk dat we onszelf dan alleen maar in de war brengen en approximatieve termen onrechtmatig omzetten in iets concreets. Als we er niet in slagen een probleem exact te formuleren, dan komt dat vaak niet doordat het een diepgaand probleem is, maar doordat het een schijnprobleem is.

Zullen we erin slagen de tijd nog beter te begrijpen? Ik denk het wel. Ons begrip van de natuur is in de loop der eeuwen op duizelingwekkende wijze toegenomen, en we blijven bijleren. Maar iets van het mysterie tijd bespeuren we al. We kunnen de wereld zien zonder tijd, kunnen met ons geestesoog de dieptestructuur van de wereld zien waarin de tijd zoals we die kennen niet meer bestaat, net zoals Paul McCartneys gek op de heuvel de aarde ziet draaien als hij naar de ondergaande zon kijkt. En we beginnen te zien dat wij ménsen de tijd zijn. Dat we deze ruimte zijn, deze door de sporen van de herinnering in de synapsen van onze neuronen blootgelegde open plek. We zijn herinnering. We zijn nostalgie. Wij zijn de zucht naar een toekomst die niet zal komen. Tijd is de ruimte die wordt blootgelegd door herinnering en door anticipatie – soms benauwt hij ons wellicht, maar uiteindelijk is hij een geschenk.

Een waardevol wonder dat door het oneindige spel van combinaties toegankelijk voor ons is geworden. Door ons in staat te stellen te zijn. We kunnen glimlachen. We kunnen ons weer rustig onderdompelen in de tijd, in onze tijd die eindig is, en genieten van de intensiteit van elk vluchtig en kostbaar moment van onze korte levenscyclus.

De broer van de slaap

O, gelukzalige Sextius,
de kortheid van het leven verbiedt ons lang
hoop te koesteren.
Horatius, *Oden*, I, 4

In het derde boek van het grote Indiase epos de *Mahabharata* vraagt een Yaksa, een machtige geest, aan Yudhisthira, de oudste en wijste van de Pandava's, wat het grootste mysterie is. Het antwoord klinkt na duizenden jaren nog steeds door: 'Elke dag sterven er ontelbaar veel mensen, en toch leven zij die achterblijven alsof ze onsterfelijk zijn.'[1]

Ik zou niet willen leven alsof ik onsterfelijk was. De dood jaagt me geen angst aan. Ik ben bang voor lijden, voor de ouderdom – al is dat nu minder, nu ik zie hoe sereen en mooi de oude dag van mijn vader is. Ik ben bang voor zwakte, voor gebrek aan liefde. Maar niet voor de dood. Ik was er als kind al niet bang voor, maar toen dacht ik dat dat kwam doordat hij nog zo ver weg was. Maar nu ik zestig ben, ben ik nog steeds niet bang. Ik houd van het leven, maar het leven is ook inspanning, lijden, pijn. Ik denk aan de dood als aan welverdiende rust. Broer van de slaap, noemt Bach hem in de wonderschone cantate BWV 56. Een vriendelijke broer die snel zal komen om mijn ogen te sluiten en even mijn wang te strelen.

Job stierf toen hij 'der dagen zat' was. Een schitterende uitdrukking. Ook ik zou het punt willen bereiken dat ik 'der dagen zat' ben en deze korte cyclus die het leven is met een glimlach kan afsluiten. Ik kan er nog van genieten, ja; nog van de maan die wordt weerspiegeld in de zee; nog van de kussen van de vrouw van wie ik houd, van haar aanwezigheid die aan alles zin geeft; nog van de winterse zondagmiddagen als ik thuis, liggend op de bank, het ene na het andere vel vol schrijf met tekens en formules en ervan droom een nieuw geheimpje te ontfutselen aan de duizenden die ons nog omringen... Ik houd van het vooruitzicht me nog langer aan deze gouden kelk te laven, aan dit tedere en vijandige, transparante en onkenbare, onverwachte en bruisende leven... maar ik heb al veel uit deze bitterzoete kelk gedronken, en als er op dit moment een engel zou komen en zou zeggen: 'Carlo, het is tijd', dan zou ik niet vragen of ik mijn zin nog even mocht afmaken. Ik zou hem toelachen en hem volgen.

Doodsangst is mijns inziens een fout van de evolutie: veel dieren hebben als een roofdier ze nadert een instinctieve angst- en vluchtreactie. Het is een gezonde reactie die hen in staat stelt aan gevaar te ontsnappen. Die angst duurt echter maar even, is niet blijvend. Wij zijn de vrucht van natuurlijke selectie: onbehaarde grote apen met buitenproportioneel grote frontaalkwabben die ons in staat stellen de toekomst te voorspellen. Een voorrecht waar we beslist wat aan hebben, maar dat ons grote apen tevens een blik gunt op een onvermijdelijke dood, die dan weer het angst- en vluchtinstinct aanwakkert. Kortom, ik denk dat de angst voor de dood domweg voortkomt uit de toevallige interferentie tussen twee los van elkaar staande vormen van selectiedruk, het product is van hinderlijke automatische verbindingen in onze hersenen en niet iets is wat ons van pas komt of wat zin heeft. Alles is van beperkte duur. Ook het menselijk ras ('De aarde heeft haar jeugd verloren; ze is voorbijgegaan als een gelukkige droom. Nu brengt elke dag ons dichter bij de vernietiging, de droogte,' is het commentaar van Vyasa in de *Mahabharata*).[2] Bang zijn voor de overgang, bang zijn voor de dood, is als bang zijn voor de werkelijkheid, bang zijn voor de zon: waarom toch?

Dat is de rationele lezing. Maar de mens wordt niet geregeerd door rationele argumenten. De rede dient om dingen helder te krijgen, om te laten zien wat er fout is. Maar de rede toont ons óók dat de motieven waarom we handelen verankerd liggen in onze innerlijke structuur van zoogdieren, van jagers, van sociale wezens: de rede biedt zicht op die verbindingen, ze genereert ze niet. We zijn niet in de eerste plaats redelijke wezens. We kunnen dat wellicht, in tweede instantie, min of meer worden. In eerste instantie worden we gedreven door de wil om te leven, door honger, door de behoefte lief te hebben, door de aandrift onze plek te vinden in een menselijke samenleving... Die tweede instantie bestaat niet zonder de eerste. De rede bemiddelt tussen de verschillende instincten, maar gebruikt diezelfde instincten als voornaamste arbitragecriteria. Ze geeft een naam aan dingen, stelt ons in staat obstakels te omzeilen, verborgen zaken te zien. Ze stelt ons in staat ondoeltreffende strategieën, onjuiste aannames en vooroordelen te herkennen – en die hebben we te over. Ze is ontwikkeld om ons, als we op antilopejacht zijn, te helpen inzien wanneer we de verkeerde sporen volgen. Maar wat ons drijft is niet de reflectie op het leven: het is het leven zelf.

Wat dat inhoudt? Dat valt moeilijk te zeggen. Misschien weten we dat niet helemaal. We onderkennen dat we drijfveren hebben. We geven die drijfveren namen. We hebben er vele. Sommige menen we te delen met veel dieren. Andere alleen met mensen. Weer andere met kleinere groepjes waarvan we voor ons gevoel deel uitmaken. Honger, nieuwsgierigheid, behoefte aan gezelschap, de drang om lief te hebben, verliefdheid, het zoeken naar geluk, de behoefte een positie in de wereld te verwerven, gewaardeerd te worden, erkend, bemind, trouw, eer, liefde voor God, dorst naar gerechtigheid, vrijheid, het verlangen naar kennis... Waar komt dat allemaal uit voort? Uit hoe we zijn gemaakt, uit hetgeen we zijn. Producten van een lange selectie, van chemische, biologische, sociale en culturele structuren die lange tijd op verschillende niveaus interacties zijn aangegaan en zo aan de basis stonden van dat grappige proces: wij. Waarvan we, als we over onszelf nadenken, als we onszelf in de spiegel bekijken, maar een klein deel begrijpen. We zijn complexer dan onze geestvermogens in staat zijn te bevatten. Onze frontaalkwabben zijn buitenproportioneel groot en hebben ons in staat gesteld naar de maan te gaan, zwarte gaten te ontdekken en in te zien dat we verwant zijn aan de lieveheersbeestjes, maar niet zó groot dat we ons aan onszelf kunnen uitleggen.

Zelfs de betekenis van 'begrijpen' is ons niet duidelijk. We kijken naar de wereld en beschrijven die, we brengen er orde in aan. We weten weinig van de complete relatie tussen hetgeen we van de wereld zien en de wereld zelf. We weten dat we bijziend zijn. Van het weidse elektromagnetische spectrum dat door de dingen wordt uitgezonden, zien we slechts een fractie. We zien noch de atoomstructuur van de materie, noch het krommen van de ruimte. We zien een coherente wereld die we destilleren uit onze interactie met het universum en die zodanig is georganiseerd dat ons hopeloos domme brein in staat is die te behappen. We zien de wereld in termen van stenen, bergen, wolken en mensen, en dat is de 'wereld voor ons'. Over de wereld die onafhankelijk van ons bestaat weten we veel, zonder te weten hóeveel.

Maar ons denken is niet alleen slachtoffer van zijn eigen zwakte, maar ook, en nog meer, van zijn eigen grammatica. Enkele eeuwen volstaan om de wereld te doen veranderen: waar ze eerst bevolkt was met duivels, engelen en heksen, is ze dat nu met atomen en elektromagnetische golven. Een paar gram paddenstoelen volstaat om de hele werkelijkheid voor onze ogen te doen verdampen en vervolgens in andere gedaanten te laten terugkeren. Het volstaat om een paar weken door te brengen met een vriendin die een heftige schizofrene periode doormaakt om te beseffen dat 'waan' een zeer bruikbaar instrument is om structuur in de wereld aan te brengen, en dat het moeilijk is argumenten te vinden om een dergelijke waan te onderscheiden van de grote collectieve wanen die de grondslag vormen van ons sociale en geestelijke leven en van ons begrip van de wereld – de eenzaamheid en de breekbaarheid van degenen die buiten de normale orde vallen even buiten beschouwing gelaten.³ De manier waarop wij de werkelijkheid zien is een collectieve waan waaraan we gezamenlijk gestalte hebben gegeven, die is geëvolueerd en die vervolgens tamelijk doeltreffend is gebleken om ons op zijn minst tot hier te brengen. We hebben oneindig veel instrumenten gevonden om die collectieve waan te hanteren en te koesteren, en de rede is daarbij een van de beste en waardevolste gebleken.

Maar de rede is en blijft een instrument, dat we gebruiken om greep te krijgen op een materie die bestaat uit vuur en ijs, uit iets wat we waarnemen als intense, verzengende emoties. Die emoties, dat zijn wij. Ze drijven ons, sleuren ons mee, we omkleden ze met mooie woorden. Ze zetten ons aan tot handelen. En iets van die emoties onttrekt zich altijd aan de orde van onze discoursen, omdat we weten dat elke poging om orde aan te brengen in wezen altijd onvolledig is.

Mijns inziens is het leven, dit korte leven, niets anders dan de aanhoudende kreet van die emoties, die ons meesleurt, die we soms proberen te vatten in een naam van God, in een rite die ons verzekert dat alles uiteindelijk goedkomt, in een politiek geloof, in een grote, immense liefde, en die kreet is mooi, schitterend; soms is het lijden, soms gezang.

En gezang is, zoals Augustinus al opmerkte, bewustzijn van tijd. Het is de tijd. Zoals de hymne uit de Veda's zélf het ontluiken van de tijd is.⁴ In het Benedictus van de *Missa Solemnis* van Beethoven is het vioolgezang pure schoonheid, pure wanhoop, puur geluk. Vol spanning houden we onze adem in, voelen we op mysterieuze wijze dat dit de bron is van alle betekenis. Dat dit de bron is van de tijd.

Dan wordt het gezang zachter, sterft weg: 'Het zilverkoord wordt weggenomen, de gouden lamp gebroken, de waterkruik valt in stukken, het scheprad bij de put wordt stukgebroken, het stof keert terug naar de aarde.'[5] En zo is het goed. We kunnen onze ogen sluiten, uitrusten. En dat alles lijkt me mooi en aangenaam. Dat is de tijd.

Noten

Sommige noten zijn met name bestemd voor lezers die bekend zijn met de theoretische natuurkunde.

INLEIDING
1 Aristoteles, *Metafysica*, I, 2, 982 b, Damon, Eindhoven, 2005.
2 Op de gelaagdheid van het begrip tijd wordt diepgaand ingegaan door J.T. Fraser, *Of Time, Passion, and Knowledge*, Braziller, New York, 1975.
3 In *Che cos'è il tempo?*, Carocci, Rome, 2014, wijst de filosoof Mauro Dorato erop dat het elementaire, conceptuele kader van de natuurkunde beslist verenigbaar dient te zijn met onze ervaring.

DEEL I: Het afbrokkelen van de tijd

1. Het verlies van uniciteit
1 Dit is de essentie van de algemene relativiteitstheorie (A. Einstein, 'Die Grundlage der allgemeinen Relativitätstheorie', in: *Annalen der Physik*, 49, 1916, pp. 769-822).
2 In de zwakke veldbenadering kan de metriek worden genoteerd als $ds^2 = (1 + 2\phi(x)) dt^2 - dx^2$, waar $\phi(x)$ de newtoniaanse potentiaal is. De newtoniaanse zwaartekracht volgt uit de enige wijziging in de tijdscomponent van de metriek, g_{oo}, d.w.z. uit de plaatselijke vertraging van de tijd. De geodeten van deze metriek beschrijven de val van lichamen: ze buigen af naar de laagste potentiaal, waar de tijd vertraagt.
3 'But the fool on the hill / sees the sun going down, / and the eyes in his head / see the world spinning 'round…'. Paul McCartney, *The Fool on the Hill*, 1967.
4 C. Rovelli, *Che cos'è la scienza. La rivoluzione di Anassimandro*, Mondadori, Milaan, 2011.
5 Bijvoorbeeld: $t_{tafel} - t_{op\,de\,grond} = 2gh/c^2\, t_{op\,de\,grond}$, waarbij c de snelheid van het licht is, $g = 9,8 m/s^2$ de valversnelling van Galilei en h de hoogte van de tafel.
6 Ze kunnen ook worden geschreven met een enkele variabele t, de 'tijdcoördinaat', maar die geeft niet de door een klok gemeten tijd aan (bepaald door ds, niet door dt) en kan naar willekeur worden veranderd zonder dat de beschreven wereld wordt veranderd. Deze t staat niet voor een fysische grootheid. Dat wat klokken meten is de eigentijd langs een wereldlijn γ, gegeven door $t_\gamma = \int_\gamma (g_{ab}(x)\, dx^a\, dx^b)^{1/2}$. De fysische relatie tussen deze grootheid en $g_{ab}(x)$ komt later nog ter sprake.

7   Het woord 'tijd' wordt gebruikt in verschillende, met elkaar verband houdende maar afzonderlijke betekenissen: 1. 'tijd' is het algemene verschijnsel van het elkaar opvolgen van gebeurtenissen ('De tijd is onverbiddelijk'); 2. Met 'tijd' wordt een bepaalde periode tijdens deze opeenvolging aangeduid ('in de bloemrijke tijd van de lente'), of 3. de duur ervan ('Hoelang heb je gewacht?'); 4. Met 'tijd' kan ook een bepaald moment worden aangeduid ('Het is tijd om te verhuizen'); 5. Met 'tijd' wordt de variabele aangeduid waarmee duur wordt gemeten ('Versnelling is de afgeleide van de snelheid ten opzichte van de tijd'). In dit boek gebruik ik het woord 'tijd' in al deze betekenissen, zonder onderscheid, net als in de spreektaal. Als dit tot verwarring leidt, denk dan terug aan deze noot.

2. Het verlies van richting
1   R.M. Rilke, *Duiniser Elegien*, in: Sämtliche Werke, Insel, Frankfurt a.M., vol. I, 1955, I, vv. 83-85. Nederlandse uitgave *De elegieën van Duino*, Ambo, Baarn, 1978, p. 42.
2   In de Franse Revolutie getuigde de wetenschap van enorme vitaliteit: de grondslagen werden gelegd voor de scheikunde, de biologie, de analytische mechanica en voor veel andere wetenschapsgebieden. De maatschappelijke revolutie ging hand in hand met de revolutie binnen de wetenschap. De eerste revolutionaire burgemeester van Parijs, Jean Sylvain Bailly, was astronoom, Lazare Carnot was wiskundige, Marat beschouwde zichzelf in de eerste plaats als natuurkundige. Lavoisier was actief in de politiek. Lagrange werd onderscheiden door de meest verschillende en uiteenlopende regeringen die elkaar in die roerige en schitterende periode in de historie van de mensheid opvolgden. Zie: S. Jones, *Revolutionary Science: Transformation and Turmoil in the Age of the Guillotine*, Pegasus, New York, 2017.
3   Waarbij ze naar het uitkomt veranderingen aanbrengen: bijvoorbeeld het teken voor het magnetische veld in de Maxwell-vergelijkingen, lading en pariteit van de elementaire deeltjes, etc. Het is de CPT-invariantie (ladingsconjugatie C, pariteit P en tijdsomkeer T) die hier relevant is.
4   De vergelijkingen van Newton bepalen hoe dingen versnellen, en de versnelling verandert niet als ik een film omgekeerd afdraai. De versnelling van een in de lucht gegooide steen is dezelfde als die van een steen die valt. Als ik me voorstel dat de jaren in omgekeerde richting verstrijken, dan draait de maan in omgekeerde richting om de aarde, maar wordt die nog steeds door de aarde aangetrokken.
5   De conclusie wordt niet anders als je de kwantumzwaartekracht toevoegt. Zie voor pogingen om achter de oorsprong van de richting van de tijd te komen, bijvoorbeeld H.D. Zeh, *Die Physik der Zeitrichtung*, Springer, Berlijn, 1984.
6   Strikt gesproken is er ook sprake van een tijdspijl bij verschijnselen die

niet direct gerelateerd zijn aan warmte, maar die cruciale aspecten met warmte gemeen hebben. Bijvoorbeeld bij het gebruik van vertraagde potentialen in de elektrodynamica. Ook voor deze verschijnselen geldt hetgeen volgt, met name de conclusies. Om mijn betoog niet al te zwaar te maken, zal ik deze gevallen buiten beschouwing laten.
7 R. Clausius, 'Über verschiedene für die Anwendung bequeme Formen der Hauptgleichungen der mechanischen Wärmetheorie', in: *Annalen der Physik*, 125, 1865, pp. 353-400 (p. 390).
8 In het bijzonder als grootheid van warmte die het lichaam verlaat *gedeeld door de temperatuur*. Als warmte een warm lichaam verlaat en een koud lichaam binnengaat, dan neemt de totale entropie toe omdat het verschil in temperatuur maakt dat entropie die het gevolg is van de warmte die naar buiten gaat minder groot is dan de entropie die het gevolg is van de warmte die binnenkomt. Als alle lichamen dezelfde temperatuur hebben gekregen, dan is de maximale entropie bereikt en zijn we beland op het evenwichtspunt.
9 Arnold Sommerfeld.
10 Wilhelm Ostwald.
11 Om entropie te kunnen definiëren is *coarse graining* vereist, dat wil zeggen dat er onderscheid wordt aangebracht tussen micro- en macrotoestanden. De entropie van een macrotoestand wordt bepaald door het aantal corresponderende microtoestanden. In de klassieke thermodynamica wordt de *coarse graining* gedefinieerd op het moment dat men besluit een aantal variabelen van het systeem te behandelen als van buitenaf 'manipuleerbaar' of 'meetbaar' (bijvoorbeeld volume of gasdruk). Een macrotoestand wordt bepaald door die macroscopische variabelen vast te stellen.
12 Te weten op deterministische wijze als we de kwantummechanica links laten liggen, en op probabilistische wijze als we de kwantummechanica er wél bij betrekken. In beide gevallen, op dezelfde wijze voor de toekomst als voor het verleden.
13 Meer hierover in hoofdstuk 11.
14 Het punt is niet dat wat er met een koud lepeltje in een glas warme thee gebeurt afhangt van het feit of ik al dan niet een onscherpe blik heb. Wat er met het lepeltje en met de moleculen gebeurt hangt natuurlijk niet af van hoe ik het zie. Het gebeurt en daarmee uit. Het punt is dat de beschrijving in termen van warmte, temperatuur en overgang van warmte van de thee naar het lepeltje een onscherp beeld geeft van hetgeen er gebeurt – en dat alleen in dat onscherpe beeld het opvallende verschil tussen verleden en toekomst aan de dag treedt.
15 $s = k \log w$. Waar s staat voor de entropie en w voor het aantal microscopische toestanden, of het overeenkomstige volume in de faseruimte; κ is niet meer dan een constante, die vandaag de dag de constante van Boltzmann wordt genoemd en die de (arbitraire) dimensies gelijktrekt.

3. Het einde van het heden
1 Algemene relativiteitstheorie (A. Einstein, 'Die Grundlage der allgemeinen Relativitätstheorie', op. cit).
2 Speciale relativiteitstheorie (A. Einstein, 'Zur Elektrodynamik bewegter Körper', in: *Annalen der Physik*, 17, 1905, pp. 891-921).
3 J.C. Hafele en R.E. Keating, 'Around-the-World Atomic Clocks: Observed Relativistic Time Gains', *Science*, 177, 1972, pp. 168-70.
4 Die afhangt van zowel t als van je snelheid en je positie.
5 Onder wie Poincaré. Lorentz had getracht t' natuurkundig te verklaren, zij het enigszins via een omweg.
6 Einstein heeft vaak beweerd dat de experimenten van Michelson en Morrison geen grote rol hebben gespeeld in het totstandkomingsproces van zijn speciale relativiteitstheorie. Ik denk dat dat waar is, en dat het een belangrijk punt vormt voor de wetenschapsfilosofie. Om stappen te kunnen zetten in het begrijpen van de wereld hebben we niet altijd *nieuwe* experimentele data nodig. Copernicus beschikte niet over meer waarnemingsgegevens dan Ptolemaeus: hij kwam tot zijn visie van het heliocentrisme door de gegevens van Ptolemaeus beter te interpreteren, en Einstein deed hetzelfde met Maxwell.
7 'In beweging' ten opzichte van wat? Hoe kunnen we vaststellen welk van de twee objecten beweegt, als beweging relatief is? Dit is voor velen een verwarrend punt. Het correcte (zelden gegeven) antwoord luidt: ten opzichte van de enige referentie waarin het ruimtepunt waar de twee klokken van elkaar gescheiden worden tevens het ruimtepunt is waar ze elkaar weer ontmoeten. Er is slechts één enkele rechte lijn tussen twee gebeurtenissen A en B in de ruimtetijd: dat is die langs welke de tijd maximaal is, en de snelheid *ten opzichte van deze lijn* is die welke de tijd vertraagt, in de volgende betekenis: als twee klokken zich van elkaar verwijderen en niet meer bij elkaar komen, heeft het geen zin je af te vragen welke voorloopt en welke achterloopt. Als ze wel weer bij elkaar komen, kunnen ze worden vergeleken en kan de snelheid van elk van de twee worden gedefinieerd.
8 Als ik door de telescoop mijn zus zie die haar twintigste verjaardag viert en ik stuur haar een radiobericht dat ze op haar achtentwintigste verjaardag ontvangt, kan ik zeggen dat het nú haar vierentwintigste verjaardag is: halverwege tussen wanneer het licht daarvandaan is vertrokken (20 jaar) en wanneer het bij haar terugkomt (28 jaar). Een mooi idee (het is niet van mij: het is de definitie van 'gelijktijdigheid' van Einstein), maar het is niet de definitie van een gemeenschappelijke tijd. Stel dat Proxima b bezig is zich te verwijderen en mijn zus hanteert dezelfde logica om het moment te berekenen dat samenvalt met haar vierentwintigste verjaardag, dan krijgt ze níet het huidige moment hier op aarde. Met andere woorden, als voor mij een moment A in haar leven samenvalt met een moment B in het mijne en je hanteert deze manier

om gelijktijdigheid te definiëren, dan is het tegendeel niet waar: voor haar zijn A en B niet gelijktijdig. Onze verschillende snelheden zorgen voor verschillende vlakken van gelijktijdigheid. Ook zo krijg je dus geen gemeenschappelijk 'heden'.
9 Het geheel van gebeurtenissen die zich op ruimteachtige afstand van hier bevinden.
10 Een van de eersten die zich dat realiseerde was Kurt Gödel ('An Example of a New Type of Cosmological Solutions of Einstein's Field Equations of Gravitation', in: *Reviews of Modern Physics*, 21, 1949, pp. 447-50). Om zijn woorden te gebruiken: 'Het begrip "nu" is op zijn hoogst een bepaalde relatie tussen een bepaalde waarnemer en de rest van het universum.'
11 Transitief.
12 Ook het bestaan van een relatie van partiële ordening zou, als er gesloten tijdskrommen bestaan, een te sterke structuur kunnen zijn ten opzichte van de werkelijkheid. Zie hierover bijvoorbeeld M. Lachièze-Rey, *Voyager dans le temps. La physique moderne et la temporalité*, Éditions du Seuil, Parijs, 2013.
13 De 'gesloten tijdlijnen', waarbij de toekomst terugvoert naar het verleden, zijn angstwekkend als je bedenkt dat een kind dan vóór zijn eigen geboorte zijn moeder zou kunnen vermoorden. Maar het bestaan van gesloten tijdlijnen of van reizen terug in de tijd is volstrekt geen logische contradictie; wíj zijn degenen die de dingen compliceren met onze verwarde fantasieën over een open toekomst.
14 Het feit dat het logischerwijs niet onmogelijk is terug te reizen in de tijd wordt duidelijk aangetoond in een heel aardig artikel van een van de grote filosofen uit de vorige eeuw: David Lewis ('The Paradoxes of Time Travel', *American Philosophical Quarterly*, 13, 1976, pp. 145-52; herdruk in: *The Philosophy of Time*, R. Le Poidevin en M. MacBeath red., Oxford University Press, Oxford, 1993).
15 Dit is de weergave van de causale structuur van een Schwarzschild-metriek in Finkelstein-coördinaten.
16 Onder hen bevinden zich twee vooraanstaande wetenschappers met wie ik bevriend ben en voor wie ik bijzondere genegenheid en bewondering koester: Lee Smolin (*Time Reborn*, Houghton Mifflin Harcourt, Boston, 2013) en George Ellis (*On the Flow of Time*, FQXi Essay, 2008, https://arxiv.org/abs/0812.0240; 'The Evolving Block Universe and the Meshing Together of Times', *Annals of the New York Academy of Sciences*, 1326, 2014, pp. 26-41; *How Can Physics Underlie the Mind?*, Springer, Berlijn, 2016). Beiden hameren erop dat er een geprivilegieerde tijd en een reëel heden moeten bestaan, ook al komen die in de huidige natuurkunde niet voor. Wetenschap is als genegenheid: de mensen die ons het dierbaarst zijn, zijn ook degenen met wie we het heftigst discussiëren. Een duidelijke verdediging van het fundamentele aspect van de

werkelijkheid van de tijd vinden we in R.M. Unger en L. Smolin, *The Singular Universe and the Reality of Time*, Cambridge University Press, Cambridge, 2015. Een andere dierbare vriend die het idee van het daadwerkelijke verstrijken van één enkele tijd voorstaat is Samy Maroun. Met hem heb ik de mogelijkheid onderzocht om de relativistische natuurkunde te herschrijven door de tijd waarin processen zich voltrekken (de 'metabolische' tijd) te onderscheiden van een 'echte' universele tijd (S. Maroun en C. Rovelli, 'Universal Time and Spacetime "Metabolism"', 2015, http://smcquantum-physics.com/pdf/version3English.pdf). Dat ís mogelijk, en dus is het gezichtspunt van Smolin, Ellis en Maroun verdedigbaar. Maar leidt het ook ergens toe? De alternatieven zijn: de beschrijving van de wereld zodanig geweld aandoen dat die zich aanpast aan onze intuïties, of leren onze intuïties aan te passen aan hetgeen we over de wereld hebben ontdekt. Ik twijfel er niet aan dat de tweede strategie het meest vruchtbaar is.

4. Het verlies van onafhankelijkheid
1   R.A. Sewell e.a., 'Acute Effects of THC on Time Perception in Frequent and Infrequent Cannabis Users', in: *Psychopharmacology*, 226, 2013, pp. 401-13; het is een verbijsterende ervaring.
2   V. Arstila, 'Time Slows Down during Accidents', in: *Frontiers of Psychology*, 3, 196, 2012.
3   In onze cultuur, tenminste. Er bestaan culturen die tijd fundamenteel anders ervaren dan wij: D.L. Everett, *Don't Sleep, There Are Snakes*, Pantheon, New York, 2008.
4   Matth. 20: 1-16.
5   P. Galison, *Einstein's Clocks, Poincaré's Maps*, Norton, New York, 2003, p. 126.
6   Zie voor een fraai historisch overzicht over de manier waarop de technologie onze opvatting over tijd stukje bij beetje heeft veranderd: A. Frank, *About Time*, Free Press, New York, 2011.
7   D.A. Golombek, I.L. Bussi en P.V. Agostino, 'Minutes days and years: molecular interactions among different scales of biological timing', in: *Philosophical Transactions of the Royal Society B*, series B: Biological Sciences, 369, 2014.
8   Aristoteles, *Physica*, IV, 219 b 2; zie ook 232 b 22-23: tijd is αριθμός κινήσεως κατά το πρότερον και ὕστερον, oftewel 'het getal van beweging onder het aspect van "eerder" en "later" dat deze beweging heeft'. Nederlandse uitgave: *De mens is een dier dat kan denken. Een bloemlezing uit de Griekse en Romeinse filosofie*, samengesteld en ingeleid door Piet Gerbrandy, Contact, Amsterdam/Antwerpen, 2001, p. 317.
9   Aristoteles, *Physica*, IV, 219 a 4-6, op. cit. p. 318.
10 I. Newton, *Philosophiae Naturalis Principia Mathematica*, boek I, def. VIII, Scholium.

11 *Ibidem*.
12 Zie voor meer informatie over dit onderwerp: B.C. van Fraassen, *An Introduction to the Philosophy of Time and Space*, Random House, New York, 1970.
13 De belangrijkste vergelijking van Newton is $F = m\, d^2x/dt^2$. (De tijd, t, is verheven tot de tweede macht: dat is de reden dat de vergelijking geen onderscheid maakt tussen t en $-t$, met andere woorden, ze gaat zowel voor- als achteruit in de tijd op, zoals uiteengezet in hoofdstuk 2.)
14 In veel handboeken over de geschiedenis van de wetenschap wordt Leibniz, als de discussie tussen Leibniz en de newtonianen wordt behandeld, vandaag de dag eigenaardig genoeg neergezet als de heterodoxe van de twee, met gedurfde en vernieuwende relationistische opvattingen. In werkelijkheid was het tegendeel het geval: Leibniz verdedigde (met een schat aan nieuwe argumenten) de heersende traditionele opvatting van ruimte, een opvatting die altijd al relationistisch was geweest, van Aristoteles tot Descartes.
15 De definitie van Aristoteles is in feite nóg nauwkeuriger: de plek van een ding is de binnenste rand van dat wat het ding omringt. Een fraaie, rigoureuze definitie.
16 Er is me verweten dat ik de geschiedenis van de wetenschap beschrijf alsof die het product is van de denkbeelden van een enkele geniale geest, in plaats van het product van het eindeloze geploeter van generaties wetenschappers. Dat verwijt is terecht, en ik bied de generaties die het nodige ploeterwerk verrichtten (en nóg verrichten) mijn verontschuldigingen aan. Het enige excuus is dat ik niet streef naar een gedetailleerde historische analyse, noch naar een methodologie van de wetenschap. Ik noem alleen de cruciale stappen. Het vergde ook eindeloos veel geploeter op technisch, cultureel en artistiek gebied in menige werkplaats van schilders en ambachtslieden om te komen tot de Sixtijnse Kapel. Maar als puntje bij paaltje komt is het Michelangelo die haar beschilderd heeft.
17 Het traject dat Einstein aflegde om tot deze conclusie te komen was lang. Het werd niet afgesloten toen hij zijn veldvergelijkingen van 1915 schreef, want daarop volgde er een kronkelige weg om er de fysische implicatie van te begrijpen, hetgeen tot gevolg had dat Einstein zijn idee meermalen bijstuurde. Hij verkeerde vooral in verwarring over het bestaan van oplossingen zonder materie en over het al dan niet reële karakter van gravitatiegolven. Pas in zijn laatste geschriften komt hij tot helderheid, met name in de vijfde appendix, *Relativity and the Problem of Space*, aanvulling op de vijfde editie van *Relativity: The Special and General Theory* (Methuen, Londen, 1954). De aanvulling is te vinden op http://www.relativitybook.com/resources/Einstein_space.html. Om redenen van copyright is deze aanvulling niet opgenomen in het overgrote deel van de edities van het boek. In hoofdstuk 2 van mijn boek *Quantum Gravity*

(Cambridge University Press, Cambridge, 2004) wordt de aanvulling diepgaand besproken.

5. Tijdskwanta

1   Voor een diepgaander beschouwing hierover zie C. Rovelli, *De werkelijkheid is niet wat ze lijkt*, Amsterdam University Press, Amsterdam, 2017.
2   Het is onmogelijk een vrijheidsgraad te lokaliseren in een gebied van zijn faseruimte met een volume dat kleiner is dan de constante van Planck.
3   Te weten de lichtsnelheid, de constante van Newton en de constante van Planck.
4   Maimonides, *Gids der verdoolden*, I, 73, 106 a.
5   We kunnen trachten Democritus' idee hieromtrent af te leiden uit de geschriften dienaangaande van Aristoteles (bijvoorbeeld *Physica*, IV, 213 e.v.), maar het bewijs lijkt me niet toereikend. Zie ook S. Luria (red.), *Democrito. Raccolta dei frammenti*, Bompiani, Milaan, 2007.
6   Als de theorie van DeBroglie-Bohm tenminste niet waar is, want in dat geval heeft het die wel, maar verbergt het die. Wat wellicht bijna op hetzelfde neerkomt.
7   De technische term voor interactie, 'meting', is misleidend, omdat die lijkt te impliceren dat je voor het creëren van de werkelijkheid een experimenteel natuurkundige in een witte jas nodig hebt.
8   Ik maak hier gebruik van de relationele interpretatie van de kwantummechanica, die ik minder onaannemelijk vind. De nu volgende observaties, met name het verlies van de klassieke ruimtetijd, die voldoet aan de vergelijkingen van Einstein, blijven geldig in elke andere interpretatie die ik ken.
9   'Smijt je horloge in het water, probeer het te begrijpen / De tijd die het lijkt te vangen is slechts de beweging van zijn wijzers' – Grateful Dead, *Walk in the Sunshine*.

DEEL II: De tijdloze wereld

6. De wereld bestaat uit gebeurtenissen, niet uit dingen

1   N. Goodman, *The Structure of Appearance*. Harvard University Press, Cambridge, 1951.

7. De ontoereikendheid van de grammatica

1   Voor afwijkende standpunten, zie noot 37.
2   In een beroemd artikel over de tijd van John McTaggart ('The Unreality of Time', in: *Mind*, N.S., 17, 1908, pp. 457-74; herdruk in *The Philosophy of Time*, op. cit.) wordt dit gelijkgesteld aan het ontkennen van de werkelijkheid van de A-serie (de organisatie van de tijd in 'verleden-

heden-toekomst'). De betekenis van de tijdsbepalingen zou dan worden teruggebracht tot louter de B-serie (de organisatie van de tijd in 'voordat-nadat'). Voor McTaggart houdt dat in dat je de werkelijkheid van de tijd ontkent. Mijns inziens is McTaggart te rigide: het feit dat mijn auto anders werkt dan ik me had voorgesteld en dan hoe ik hem had gedefinieerd impliceert niet dat mijn auto niet reëel is.

3 Brief van A. Einstein aan de zoon en de zuster van Michele Besso van 21 maart 1955, in A. Einstein en M. Besso, *Correspondance, 1903-1955*, Hermann, Parijs, 1972.

4 Het klassieke argument voor het blokuniversum is geopperd door de filosoof Hilary Putnam in een beroemd artikel uit 1967 ('Time and Physical Geometry', *The Journal of Philosophy*, 64, pp. 240-47). Putnam gebruikt de definitie van gelijktijdigheid van Einstein. In noot 30 zagen we dat als de aarde en Proxima b elkaar naderen, een gebeurtenis A op aarde zich (voor een aardbewoner) op hetzelfde moment voltrekt als een gebeurtenis B op Proxima, die op haar beurt (voor iemand op Proxima) weer gelijktijdig is met een gebeurtenis C op aarde die *in de toekomst ligt van A*. Putnam neemt aan dat 'gelijktijdig zijn' impliceert 'nú werkelijk zijn', en leidt hieruit af dat toekomstige gebeurtenissen (zoals C) nú werkelijk zijn. De fout zit hem in de aanname dat de definitie van gelijktijdigheid van Einstein ontologische waarde heeft, terwijl die slechts dient om een relativistisch begrip te onderkennen dat in een benadering kan worden teruggebracht tot het niet-relativistische begrip. Maar niet-relativistische gelijktijdigheid is een reflexief en transitief begrip, en dat van Einstein niet, en dus heeft het geen zin aan te nemen dat die twee buiten de niet-relativistische benadering dezelfde ontologische betekenis hebben.

5 Het idee dat de natuurkundige ontdekking dat het presentisme onmogelijk is impliceert dat tijd illusoir is, werd ontwikkeld door Gödel ('A Remark about the Relationship between Relativity Theory and Idealistic Philosophy', in *Albert Einstein: Philosopher-Scientist*, P.A. Schilpp red., The Library of Living Philosophers, Evanston, 1949). De fout blijft dat tijd wordt gedefinieerd als één enkel conceptueel blok, dat er óf helemaal is óf helemaal niet. Dit punt wordt helder besproken door Mauro Dorato (*Che cos'è il tempo?*, op. cit., p. 77).

6 Zie bijvoorbeeld W.V.O. Quine, 'On What There Is', in: *The Review of Metaphysics*, 2, 1948, pp. 21-38, en de fraaie discussie over de betekenis van de werkelijkheid in J.L. Austin, *Sense and Sensibilia*, Clarendon Press, Oxford, 1962.

7 *De Hebd.*, II, 24, geciteerd in C.H. Kahn, *Anaximander and the Origins of Greek Cosmology*, Columbia University Press, New York, 1960, pp. 84-85.

8 Voorbeelden van belangrijke stellingen die Einstein vol overtuiging poneerde maar waar hij later op terugkwam: 1. het uitdijende universum (eerst weggehoond, later geaccepteerd); 2. het bestaan van zwaartekrachtgolven (eerst voor evident aangenomen, daarna ontkend, vervol-

gens weer geaccepteerd); 3. de vergelijkingen van de relativiteitstheorie dulden geen oplossing zonder materie (lang verdedigde stelling, daarna verlaten; blijkt fout); 4. er bestaat niets voorbij de Schwarzschild-horizon (fout, maar wellicht heeft hij dat nooit geweten); 5. de vergelijkingen van het zwaartekrachtveld kunnen niet algemeen covariant zijn (zoals geopperd in het werk met Grossmann uit 1912; drie jaar later beweert Einstein terecht het tegendeel); 6. het belang van de kosmologische constante (eerst beweerd, daarna ontkend, maar nu had hij het aanvankelijk bij het rechte eind)…

8. Dynamica als relaties

1   De algemene vorm van een mechanische theorie die de evolutie van een systeem *in de tijd* beschrijft is gegeven door een faseruimte en een hamiltoniaan H. De evolutie wordt beschreven door de door H gegenereerde en door de tijd t geparametriseerde banen. De algemene vorm van een mechanische theorie die de evolutie van de variabelen *ten opzichte van elkaar* beschrijft daarentegen, is gegeven door een faseruimte en een constraint C. De relaties tussen de variabelen zijn gegeven door de door C in de deelruimte C = 0 gegenereerde banen. De parametrisering van deze banen heeft geen fysische betekenis. Zie voor een gedetailleerde technische uiteenzetting ook hoofdstuk 3 van C. Rovelli, *Quantum Gravity*, Cambridge University Press, Cambridge, 2004. Voor een beknoptere technische uiteenzetting, zie: C. Rovelli, 'Forget Time', in: *Foundations of Physics*, 41, 2011, pp. 1475-90, https://arxiv.org/abs/0903.3832.
2   Zie voor een leuke afbeelding van de vergelijkingen van de lus-kwantumzwaartekracht C. Rovelli, *La realtà non è come ci appare*, op. cit. *De werkelijkheid is niet wat ze lijkt*, AUP, Amsterdam, 2017, p. 172.
3   B.S. DeWitt, 'Quantum Theory of Gravity. I. The Canonical Theory', in: *Physical Review*, 160, 1967, pp. 1113-48.
4   J.A. Wheeler, 'Hermann Weyl and the Unity of Knowledge', in: *American Scientist*, 74, 1986, pp. 366-75.
5   J. Butterfield en C.J. Isham, 'On the Emergence of Time in Quantum Gravity', in: *The Arguments of Time*, J. Butterfield ed., Oxford University Press, Oxford, 1999, pp. 111-68 (http://philsci-archive.pitt.edu/1914/1/EmergTimeQG=9901024.pdf). H. Dieter Zeh, 'Die Physik der Zeitrichtung', in: *Physics Meets Philosophy at the Planck Scale*, C. Callender en N. Huggett ed., Cambridge University Press, Cambridge, 2001. S. Carroll, *From Eternity to Here*, Dutton, New York, 2010.
6   De algemene vorm van een kwantumtheorie die de evolutie van een systeem *in de tijd* beschrijft is gegeven door een Hilbert-ruimte en een Hamilton-operator H. De evolutie wordt beschreven door de Schrödinger-vergelijking $i\hbar\partial_t \psi = H\psi$. De waarschijnlijkheid dat ψ wordt gemeten op een tijd t na een toestand t', wordt bepaald door de waarschijnlijkheidsamplitude $<\psi \mid \exp[-iHt/\hbar] \mid \psi'>$. De algemene vorm

van een kwantumtheorie die de evolutie van de variabelen *ten opzichte van elkaar* beschrijft, is gegeven door een Hilbert-ruimte en een Wheeler-DeWitt-vergelijking $C\psi = 0$. De waarschijnlijkheid dat er een toestand ψ wordt gemeten nadat er een ψ' is gemeten wordt bepaald door de amplitude $<\psi \mid \int dt \exp[iCt/\hbar] \mid \psi'>$. Zie hoofdstuk 5 in C. Rovelli, *Quantum Gravity*, op. cit. En C. Rovelli, *Forget Time*, op. cit.
7 B.S. DeWitt, *Sopra un raggio di luce*, De Renzo, Rome, 2005.
8 Het zijn er drie: ze definiëren de Hilbert-ruimte van de theorie waarin de elementaire operatoren zijn gedefinieerd, waarin eigentoestanden de ruimtekwanta beschrijven, en de overgangswaarschijnlijkheid tussen genoemde kwanta.
9 De spin is de grootheid die de representaties van de groep SO(3) opsomt, de rotatiegroep van de ruimte.
10 Een en ander wordt uitgebreid besproken in C. Rovelli, *De werkelijkheid is niet wat ze lijkt*, op. cit.

DEEL III: De bronnen van de tijd

9. Tijd is het gevolg van onwetendheid
1 *Prediker*, 3, 2-4.
2 Namelijk de hamiltoniaan H, oftewel de energie als functie van de posities en snelheid.
3 $dA/dt = \{A,H\}$, waar $\{,\}$ de Poisson-haakjes zijn en A een willekeurige variabele.
4 Een ergodisch systeem.
5 De vergelijkingen zijn beter leesbaar in het canonieke formalisme van Boltzmann dan in het microcanonieke formalisme waarnaar ik verwijs in de tekst: de toestand $\rho = \exp[-H/kT]$ wordt bepaald door de hamiltoniaan H die de evolutie in de tijd genereert.
6 $H = -kT \log[\rho]$ bepaalt een hamiltoniaan (op een vermenigvuldigingsconstante na), en via deze een 'thermische' tijd, uitgaand van de toestand ρ.
7 R. Penrose, *The Emperor's New Mind*, Oxford University Press, Oxford, 1989; *The Road to Reality*, Cape, Londen, 2004.
8 In boeken over kwantummechanica is het in dezen gebruikelijk te spreken van 'meting'. Als gezegd is deze term misleidend omdat die verwijst naar natuurkundige laboratoria in plaats van naar de wereld.
9 De stelling van Tomita-Takesaki toont aan dat een trouwe toestand op een von Neumann-algebra een stroom definieert (een familie met één parameter van modulaire automorfismen). Connes heeft aangetoond dat de door verschillende toestanden gedefinieerde stromen equivalent zijn, op inwendige automorfismen na, en dus een abstracte tijdsevolutie definiëren die uitsluitend wordt bepaald door de non-commutatieve structuur van de algebra.

10 Te weten de in de vorige noot genoemde inwendige automorfismen van de algebra.
11 In een von Neumann-algebra is de thermische tijd van een toestand exact de stroom van Tomita! Die toestand voldoet aan de KMS-conditie met betrekking tot deze stroom.
12 Zie C. Rovelli, 'Statistical Mechanics of Gravity and the Thermodynamical Origin of Time', in: *Classical and Quantum Gravity*, 10, 1993, pp. 1549-66; A. Connes en C. Rovelli, 'Von Neumann Algebra Automorphisms and Time-Thermodynamics Relation in General Covariant Quantum Theories', in: *Classical and Quantum Gravity*, 11, 1994, pp. 2899-918.
13 A. Connes, D. Chéreau en J. Dixmier, *Le Théâtre quantique*, Odile Jacob, Parijs, 2013.

10. Perspectief
1 Hierover bestaat veel onduidelijkheid. Zie voor een goede, beknopte kritiek J. Earman, 'The "Past Hypothesis": Not Even False', in: *Studies in History and Philosophy of Modern Physics*, 37, 2006, pp. 399-430. In die tekst wordt 'lage uitgangsentropie' gebruikt in de meest algemene zin, die volgens Earman bepaald niet goed begrepen is.
2 F. Nietzsche, *Die fröhliche Wissenschaft*, v, 354, 1882. Nederlandse uitgave: *De vrolijke wetenschap*, v, 354, Vantilt, Nijmegen, nieuwe herziene vertaling verschijnt in augustus 2018.
3 Zie voor de details C. Rovelli, 'Is Time's Arrow Perspectival?' (2015), in: *The Philosophy of Cosmology*, K. Chamcham, J. Silk, J.D. Barrow en S. Saunders red., Cambridge University Press, Cambridge, 2017, https://arxiv.org/abs/1505.01125.
4 In de klassieke formulering van de thermodynamica beschrijven we een systeem door daar vooraleerst een aantal variabelen van te specificeren waarvan we veronderstellen dat we er van buitenaf invloed op kunnen uitoefenen (door een zuiger te bewegen, bijvoorbeeld) of waarvan we aannemen dat we die kunnen meten (een relatieve concentratie van componenten, bijvoorbeeld). Dat zijn de 'thermodynamische variabelen'. De thermodynamica is in feite niet een complete beschrijving van het systeem, het is een beschrijving van het gedrag van díe variabelen van het systeem. Die waarvan we aannemen dat we die kunnen gebruiken om een interactie aan te gaan met het systeem.
5 Zo heeft de entropie van de lucht in de kamer waar je je bevindt een bepaalde waarde als je de lucht beschouwt als een homogeen gas, maar verandert (neemt af) als je er de scheikundige samenstelling van meet.
6 Zie voor een diepgaande filosofische studie over de perspectivische aspecten van de wereld Jenann T. Ismael, *The Situated Self*, Oxford University Press, New York, 2007. Ismael schreef ook een zeer goed

boek over de vrije wil: *How Physics Makes Us Free*, Oxford University Press, New York, 2016.
7 David Z. Albert (*Time and Chance*, Harvard University Press, Cambridge, 2000) stelt voor dit feit tot wet te verheffen, en noemt die *past hypothesis*.

11. Waar specificiteit toe leidt
1 Dit is een andere, veel voorkomende bron van verwarring, omdat een gecondenseerde wolk meer 'geordend' lijkt dan een ijle wolk. Maar dat is hij niet, want de snelheden van de moleculen van een ijle wolk zijn allemaal op een geordende manier traag, terwijl de snelheden van de moleculen van een wolk die door de zwaartekracht wordt samengebald hoog zijn. De wolk balt zich samen in de fysische ruimte, maar dijt uit in de faseruimte, en dat is de ruimte die hier van belang is.
2 Zie met name S.A. Kauffman, *Humanity in a Creative Universe*, Oxford University Press, New York, 2016.
3 Voor een beter begrip van het plaatselijke effect van de entropietoename van het universum is het van belang op de hoogte te zijn van het bestaan van deze vertakte structuur van interacties. Zie onder anderen Hans Reichenbach (*The Direction of Time*, University of California Press, Berkeley, 1956). De tekst van Reichenbach is onontbeerlijk voor iedereen die twijfels heeft over deze onderwerpen of ze verder wil uitdiepen.
4 Over de precieze relatie tussen sporen en entropie, zie H. Reichenbach, *The Direction of Time*, op. cit., met name de discussie over de relatie tussen entropie, sporen en *common cause*, en D.Z. Albert, *Time and Chance*, op. cit. Een recente benadering is te vinden in D.H. Wolpert, 'Memory Systems, Computation, and the Second Law of Thermodynamics', *International Journal of Theoretical Physics*, 31, 1992, pp. 743-85.
5 Over de moeilijke vraag wat 'oorzaak' voor ons betekent, zie N. Cartwright, *Hunting Causes and Using Them*, Cambridge University Press, Cambridge, 2007.
6 *Common cause*, in de terminologie van Reichenbach.
7 B. Russell, 'On the Notion of Cause', in: *Proceedings of the Aristotelian Society*, vol. 13, 1912-1913, pp. 1-26.
8 N. Cartwright, *Hunting Causes and Using Them*, op. cit.
9 Een heldere discussie over het vraagstuk van de richting van de tijd is te vinden in H. Price, *Time's Arrow & Archimedes' Point*, Oxford University Press, Oxford, 1996.

12. De geur van de madeleine
1 *De vragen van Milinda*, II, 1, Stichting De Lantaarn, 1985, p. 13-14.
2 C. Rovelli, *Meaning = Information + Evolution*, 2016, https://arxiv.org/abs/1611.02420.
3 G. Tononi, O. Sporns en G.M. Edelman, 'A measure for brain complexity:

Relating functional segregation and integration in the nervous system', in: *Proc. Natl. Acad. Sci. USA*, 91, 1994, pp. 5033-37.
4 J. Hohwy, *The Predictive Mind*, Oxford University Press, Oxford, 2013.
5 Zie bijvoorbeeld V. Mante, D. Sussillo, K.V. Shenoy en W.T. Newsome, 'Context-dependent computation by recurrent dynamics in prefrontal cortex', in: *Nature*, 503, 2013, pp. 78-84, en met name de in het artikel geciteerde literatuur.
6 D. Buonomano, *Your Brain is a Time Machine: The Neuroscience and Physics of Time*, Norton, New York, 2017.
7 Augustinus, *Belijdenissen*, XI, XXVII, 36, Ambo|Anthos, (1985) 2016.
8 *La condamnation parisienne de 1277*, D. Piché red., Vrin, Parijs, 1999.
9 E. Husserl, *Vorlesungen zur Phänomenologie des inneren Zeitbewußtseins*, Niemeyer, Halle a. d. Saale, 1928.
10 In de geciteerde tekst benadrukt Husserl dat dit geen 'fysisch fenomeen' is. Voor een naturalist klinkt dit als een cirkelredenering: hij wil de herinnering niet zien als een fysisch fenomeen omdat hij heeft besloten om de fenomenologische ervaring als uitgangspunt te nemen van zijn analyse. De studie van de dynamica van de neuronen in onze hersenen toont aan hoe het fenomeen in fysische termen wordt gerealiseerd: het heden van de fysische toestand van mijn hersenen 'houdt' zijn voorbije toestand 'vast' en die wordt steeds onscherper naarmate die verder terug ligt in het verleden. Zie bijvoorbeeld M. Jazayeri en M.N. Shadlen, 'A Neural Mechanism for Sensing and Reproducing a Time Interval', in: *Current Biology*, 25, 2015, pp. 2599-609.
11 M. Heidegger, 'Einführung in die Metaphysik' (1935), in: *Gesamtausgabe*, Klostermann, Frankfurt a. M., vol. XL, 1983. Nederlandse uitgave: *Inleiding in de metafysica*, Boom, Amsterdam, 2014.
12 M. Heidegger, 'Sein und Zeit' (1927), in *Gesamtausgabe*, op. cit., vol. II, 1977, *passim*. Nederlandse uitgave: *Zijn en Tijd*, Sun, Nijmegen, 1999.
13 M. Proust, *Du côté de chez Swann*, in *À la recherche du temps perdu*, Gallimard, Parijs, vol. I, 1987, pp. 3-9. Nederlandse uitgave: *Swans kant op*, Athenaeum – Polak & Van Gennep, Amsterdam, 2015, p. 9-14.
14 *Idem.*, p. 194.
15 G.B. Vicario, *Il tempo. Saggio di psicologia sperimentale*, Il Mulino, Bologna, 2005.
16 Deze nogal algemene observatie is bijvoorbeeld te vinden in het begin van J.M.E. Taggart, *The Nature of Existence*, Cambridge University Press, Cambridge, vol. I, 1921.
17 Zie ook de *Lichtung* bij M. Heidegger, *Holzwege* (1950), in *Gesamtausgabe*, op. cit., vol. V, 1977, *passim*.
18 Voor Durkheim (*Les formes élémentaires de la vie religieuse*, Alcan, Parijs, 1912), een van de vaders van de sociologie, komt het begrip tijd, net als de andere grote filosofische begrippen, voort uit de maatschappij en in het bijzonder uit de religieuze structuur die er de eerste vorm van

was. Dat kan wellicht waar zijn voor complexe aspecten van het begrip tijd – voor de 'buitenste lagen ervan' –, maar het lijkt me moeilijk toepasbaar op de directe ervaring van het verstrijken van de tijd: andere zoogdieren hebben bijna net zulke hersenen als wij en ervaren het verstrijken van de tijd dus net als wij, zonder dat ze daar een maatschappij of een religie voor nodig hebben.

19 Voor de fundamentele rol van de tijd voor de psychologie, zie het klassieke werk van W. James, *The Principles of Psychology*, Henry Holt, New York, 1890.

20 *Mahavagga*, I, 6, 19, in *Sacred Books of the East*, vol. XIII, 1881. Nederlandse vertaling met dank aan drs. J.A. Breet.

21 H. von Hofmannsthal, *Der Rosenkavalier*, eerste akte. Nederlandse uitgave: *Der Rosenkavalier*, Nationale Opera, Amsterdam, 2015, p. 88, 90.

13. De bronnen van de tijd
1 *Prediker*, 3, 2.
2 Voor een lichtvoetige, vermakelijke en toch betrouwbare presentatie van deze aspecten van de tijd, zie C. Callender en R. Edney, *Introducing Time*, Icon Books, Cambridge, 2001.
3 Zie Hans Reichenbach, *The Direction of Time*, een van de helderste boeken over de aard van de tijd.
4 Het is buitengewoon interessant dat deze observatie van Reichenbach, in een basistekst van de analyse van de tijd in de analytische filosofie, zo verwant klinkt aan de ideeën waar Heidegger van uitgaat. Maar vervolgens slaan ze elk een heel andere weg in: Reichenbach zoekt in de natuurkunde naar hetgeen we weten van de tijd van de wereld waarvan we deel uitmaken, terwijl Heidegger geïnteresseerd is in wat tijd is in de beleving van de mensen. De twee beelden van de tijd die hieruit voortvloeien zijn volstrekt verschillend. Zijn ze noodzakelijkerwijs incompatibel? Waarom zouden ze dat moeten zijn? Het betreft hier twee verschillende kwesties: enerzijds de daadwerkelijke temporele structuren van de wereld, die steeds onaanzienlijker blijken naarmate we onze blik verruimen, anderzijds het basale aspect van de tijdstructuur voor óns, dat maakt dat we ons daadwerkelijk in de wereld voelen ('er zijn').

De broer van de slaap
1 *Mbh*, III, 297.
2 *Mbh*, I, 119.
3 A. Balestrieri, 'Il disturbo schizofrenico nell'evoluzione della mente umana. Pensiero astratto e perdita del senso naturale della realtà', *Comprendre*, 14, 2004, pp. 55-60.
4 R. Calasso, *L'ardore*, Adelphi, Milaan, 2010.
5 *Prediker*, 12, 6-7.

Beeldmateriaal

Afbeeldingen op p. 14, 20, 33, 58, 65: © Peyo – 2017 – met vergunning van I.M.P.S. (Brussel) – www.smurf.com; afbeelding op p. 25: Ludwig Boltzmann, lithografie van Rudolf Fenzi (1898) © Hulton Archive/Getty Images; afbeelding op p. 48 (rechts): Johannes Lichtenberger, sculptuur van Conrad Sifer (1493) © Fototheek Gilardi; afbeelding op p. 52 (links): buste van Aristoteles © De Agostini/Getty Images; afbeelding op p. 52 (rechts): Isaac Newton, sculptuur van Edward Hodges Baily (1828), naar Louis-François Roubiliac (1751), National Portrait Gallery, Londen © National Portrait Gallery, London/Foto Scala Firenze; afbeelding op p. 93: Thomas Thiemann, *Impressie van spinschuim gezien door de ogen van een kunstenaar* © Thomas Thiemann (FAU Erlangen), Max-Planck-Institut für Gravitationsphysik (Albert Einstein-instituut), Milde Marketing Science Communication, exozet effects; afbeelding op p. 113: Hildegard von Bingen, *Liber Divinorum Operum*, Codex Latinus 1942 (XIII sec.), c. 9r, Staatsbibliotheek van Lucca © Foto Scala Firenze – met vergunning van het Italiaanse ministerie van Onderwijs, Cultuur en Wetenschap.

Register

Agostino, Patricia V. • 156
Albert, David Z. • 163
Aldrin, Buzz • 9
Alice in Wonderland • 46
Anaxandridas • 37-39
Anaximander • 14, 16, 74, 75
Andromeda-nevel • 36
Aristoteles • 50-55, 59, 63, 72, 151, 156-158
Armstrong, Neil • 9
Arstila, Valtteri • 156
atomisme • 64
Augustinus van Hippo • 129-132, 149, 164
Austin, John L. • 159

Bach, Johann Sebastian • 145
Balestrieri, Antonio • 165
Barrow, John D. • 162
Beda Venerabilis • 64
Beethoven, Ludwig van • 178
Bergson, Henri-Louis • 143
Besso, Michele • 84, 159
blokuniversum (*block universe*) • 81, 139, 159
Boeddha • 136
Boltzmann, Ludwig • 25-31, 100, 103, 114, 153, 161
Buonomano, Dean • 164
Bussi, Ivana L. • 156
Butterfield, Jeremy • 160

Calasso, Roberto • 165
Callender, Craig • 160, 165
Carnot, Lazare • 21, 152
Carnot, Sadi • 21, 26
Carroll, Sean • 160
Cartwright, Nancy • 163

Chamcham, Khalil • 162
Chéreau, Danye • 162
Clausius, Rudolf • 22-25, 114, 153
Cleomenes • 37-39
coarse graining • 153
Collodi, Carlo • 82
Connes, Alain • 101-103, 161
Copernicus, Nicolaas • 14, 26, 143, 154
CPT-invariantie • 152

De koopman van Venetië • 121
De vragen van Milinda • 123, 163
DeBroglie-Bohm, theorie van • 158
Democritus • 64, 75, 158
Descartes • 127, 157
DeWitt, Bryce S. • 87-90, 160-161
Dirac, Paul • 23
Dirac-velden • 57
Dixmier, Jacques • 162
Dorato, Mauro • 151, 159
Durkheim, Émile • 164

Earman, John • 162
Edelman, Gerald M. • 163
Edney, Ralph • 165
Einstein, Albert • 14-15, 18, 23, 32-34, 36, 42, 44, 46, 49, 56, 59-60, 72, 79, 81, 84-85, 91-92, 139, 151, 154, 157-160
Ellis, George • 155-156
entropie • 23, 25, 27-28, 30, 101, 105-110, 112-122, 133, 135, 140-142, 153, 162-163
eternalisme • 80-81
Evangelie van Mattheus • 74
Everett, Daniel L. • 156

Finkelstein-coördinaten • 155

Fraassen, Bastiaan C. van • 157
Frank, Adam • 156
Fraser, Julius T. • 151

Galilei, Galileo • 75, 133, 151
Galison, Peter • 156
gelijktijdigheid • 154-155, 159
Gödel, Kurt • 44, 155, 159
Golombek, Diego A. • 156
Goodman, Nelson • 158
Gorgo • 37-39
Grateful Dead • 158
Grossmann, Marcel • 160

Hafele, Joseph C. • 154
hamiltoniaan • 160-161
Hegel, Georg W.F. • 143
Heidegger, Martin • 63, 133, 164, 165
Heisenberg, Werner K. • 23
Heraclitus • 143
Hilbert-ruimte • 160-161
Hildegard van Bingen • 113
Hofmannsthal, Hugo von • 136, 165
Hohwy, Jakob • 164
Huggett, Nick • 160
Hume, David • 126
Husserl, Edmund • 131-133, 164

Isham, Chris J. • 89, 160
Isidorus van Sevilla • 64
Ismael, Jenann T. • 162

James, William • 165
Jazayeri, Mehrdad • 164
Jones, Steve • 152

Kahn, Charles H. • 159
Kant, Immanuel • 132
Kauffman, Stuart A. • 163
Keating, Richard E. • 154
Kepler, Johannes • 75-77
Kuchar, Karel • 89
kwantummechanica • 23, 26, 60, 62, 65, 67, 101-122, 153, 158, 161

kwantumruimtetijd • 93
kwantumzwaartekracht • 9, 61, 64, 68, 88, 152

Lachièze-Rey, Marc • 155
Lagrange, Joseph-Louis • 152
Lavoisier, Antoine-Laurent • 152
Le Poidevin, Robin • 155
Leibniz, Gottfried W. von • 53, 157
Leonidas • 37-39
Lewis, David • 155
lichtkegel • 41-45, 59, 66
Lichtung • 164
Lorentz, Hendrik A. • 154
luskwantumzwaartekracht • 61, 64, 90, 94
lustheorie • 61, 91, 94

MacBeath, Murray • 155
Macbeth • 83
Mahabharata • 145-146
Mahavagga • 165
Maimonides, Mozes • 64, 158
Mante, Valerio • 164
Maroun, Samy • 156
Matisse, Henri • 18
Maxwell, James C. • 16, 23, 154
Maxwell-vergelijking • 33, 77, 152
McCartney, Paul • 144, 151
McTaggart, J.M.E. • 158-159
Michelangelo • 157
Michelson, Albert A. • 154
Morrison, Philip • 154

Nāgasena • 123-125
Neumann-algebra, von • 102, 161-162
Newsome, William, T. • 164
Newton, Isaac • 16, 21, 52-59, 64, 71-72, 75, 77, 86, 92, 112, 151-152, 156-158
Nietzsche, Friedrich • 162

Ockham, Willem van • 131
Ostwald, Wilhelm • 153

Pandava • 145
Parmenides • 142-143
Penrose, Roger • 101, 161
Piché, David • 164
Pinokkio • 82
Planck, Max (constante van) • 158
Planck-lengte • 64-65
Planck-schaal • 62, 92
Planck-tijd • 62-64
Plato • 65-66, 143
Pleistarchus • 37-39
Poincaré, Jules-Henri • 154, 156
Poisson-haakjes • 161
Prediker • 141, 161, 165
presentisme • 78, 80-81, 159
Price, Huw • 163
Proust, Marcel • 134-135, 164
Proxima b • 34-36, 154, 159
Ptolemaeus • 75, 154
Putnam, Hilary • 159

Quine, Willard V.O. • 159

regelmatige veelvlakken • 75-76
Reichenbach, Hans • 142, 163, 165
relativiteitstheorie, algemene • 18, 37, 62, 73, 151, 154, 160
relativiteitstheorie, speciale • 39, 154
Rilke, Rainer Maria • 19, 31, 152
Robespierre, Maximilien de • 21, 71
ruimtetijd • 41-43, 57-59, 62, 65, 67, 78, 80, 92-94, 139, 154, 158
Russell, Bertrand • 122, 136

Saadi • 21
Saunders, Simon • 162
Schilpp, Paul A. • 159
Schrödinger, Irwin • 23, 75
Schrödinger-vergelijking • 75, 160
Schwarzschild-horizon • 160
Schwarzschild-metriek • 155
Sewell, Richard A. • 156
Shadlen, Michael N. • 164

Shenoy, Krishna V. • 164
Shiva • 7, 16, 18, 120
Silk, Joseph • 162
Smolin, Lee • 155-156
Sommerfeld, Arthur • 153
Sophocles • 10
spin • 92
spinnetwerk • 90, 92, 94
spinschuim • 92-93
Sporns, Olaf • 163
Strauss, Richard • 136
Sussillo, David • 164

Tempier, Étienne • 131
thermische tijd • 99, 101, 103-104, 114, 140, 142, 161-162
thermodynamca, tweede principe van de • 25, 116
Tiresias • 113
Tomita, Minoru • 162
Tomita-Takesaki, stelling van • 161
Tononi, Giulio • 163
Torricelli, Evangelista • 56

Unger, Roberto • 156

Veda • 149
Vicario, Giovanni B. • 164
Vyasa • 146

waarschijnlijkheid • 91, 121, 142, 160
Wheeler, John A. • 87-90, 160
Wheeler-DeWitt-vergelijking • 87, 161
Wolpert, David H. • 163

Yaksa • 145
Yudhisthira • 145

Zeh, Heinz-Dieter • 152, 160
zwaartekrachtgolven • 58, 159
zwaartekrachtveld • 57-60, 62, 67, 91-92, 139, 141-142, 160
zwart gat • 8, 44-45, 93-94, 148